Politische Weltkunde II

Themen zur Geschichte,
Geographie und Politik

Die industrielle Gesellschaft
Von Heinrich Fisch

Ernst Klett Stuttgart

Inhalt

1. Die moderne Industriegesellschaft unter soziologischem Aspekt 5
1.1. Die moderne Industriegesellschaft ist eine schichtdifferenzierte und mobile Gesellschaft   5
1.2. Die moderne Industriegesellschaft ist eine Gesellschaft der sozialen Kontrolle 19
1.3. Die moderne Industriegesellschaft ist eine Gesellschaft der sozialen Konflikte 28
1.4. Die moderne Industriegesellschaft ist eine Massengesellschaft und eine pluralistische Gesellschaft 35
2. Die moderne Industriegesellschaft unter ökonomischem Aspekt 43
2.1. Die moderne Industriegesellschaft ist gekennzeichnet durch Rationalität und durch den engen Zusammenhang zwischen Wissenschaft, Technik und Industriesystem 43
2.2. Die moderne Industriegesellschaft ist gekennzeichnet durch wirtschaftliche Konzentration 52
2.3. Die moderne Industriegesellschaft wird mit dem Schlagwort „Konsumgesellschaft" gekennzeichnet. 60
2.4. Die moderne Industriegesellschaft ist gekennzeichnet durch die wachsende Verflechtung von Staat und Wirtschaft. 70

1. Auflage. 1^6 5 4 3 2 | 1978 77 76 75 74

Mehrere Statistiken in diesem Heft sind auf den neuesten Stand gebracht worden; jedoch können alle Drucke dieser Auflage im Unterricht nebeneinander benutzt werden. Die letzte Zahl bezeichnet das Jahr dieses Druckes.
© Ernst Klett Verlag, Stuttgart 1972. Nach dem Urheberrechtsgesetz vom 9. September 1965 i. d. F. vom 10. November 1972 ist die Vervielfältigung oder Übertragung urheberrechtlich geschützter Werke, also auch der Texte, Illustrationen und Graphiken dieses Buches — mit Ausnahme der in den §§ 53, 54 URG ausdrücklich genannten Sonderfälle — nicht gestattet. Dieses Verbot erstreckt sich auch auf die Vervielfältigung für Zwecke der Unterrichtsgestaltung, wenn nicht die Einwilligung des Verlages vorher eingeholt wurde. Im Einzelfall muß über die Zahlung einer Gebühr für die Nutzung fremden geistigen Eigentums entschieden werden. Als Vervielfältigung gelten alle Verfahren einschließlich der Fotokopie, der Übertragung auf Matrizen, der Speicherung auf Bändern, Platten, Transparenten oder anderen Medien.
Filmsatz und Druck: Ernst Klett, Stuttgart, Rotebühlstraße 77.
ISBN 3-12-407200-6

Vorwort

Das vorliegende Heft behandelt die moderne Industriegesellschaft, wie wir sie z. B. in der Bundesrepublik erleben. Die Komplexität des Begriffes Industriegesellschaft und die noch bestehende Differenzierung der Sozialwissenschaften, die die Gesellschaft untersuchen, zwingt uns zu der Aufteilung des Heftes in einen soziologischen und einen ökonomischen Abschnitt. Doch schon diese Einteilung und die Frage nach der Methode der Darstellung sind eine wichtige Vorentscheidung, die wir begründen wollen.

Die Schwierigkeit der Methodenwahl kann man am besten an dem großen wissenschaftstheoretischen Streit (Methodenstreit) ablesen, der schon seit Jahrzehnten die Sozialwissenschaften beherrscht. Zur Diskussion stehen dabei – stark vereinfacht – drei verschiedene theoretische und methodische Ansätze:

1. Die „Funktionalisten" oder „Positivisten" gehen davon aus, daß die Sozialwissenschaften möglichst getrennt nach den Spezialdisziplinen Soziologie, Ökonomie und Politologie den jeweiligen Gegenstand darstellen und analysieren sollen, so wie er sich dem Forscher offenbart. Nach dem Verständnis dieser wissenschaftlichen Richtung ist die den Naturwissenschaften verwandte empirisch-statistische Methode die richtige. Die Stellung des Forschers soll die eines objektiven Beobachters sein, der nach Möglichkeit alle eigenen subjektiven Wertvorstellungen bei seiner Arbeit unterdrückt (Postulat der Werturteilsfreiheit). Es ist selbstverständlich, daß für eine solche Wissenschaftstheorie im Sinne ihres Forschungsauftrages und ihres methodischen Ansatzes die Funktionalität und die Rationalität im Mittelpunkt stehen. So setzt z. B. im Bereich der Wirtschaft das zweckrationale Handeln im Sinne der höchsten Effizienz und im Bereich der Gesellschaft die Funktionsfähigkeit eines Systems oder einer Organisation einen festen Maßstab.

2. Die „kritische Theorie" (Frankfurter Schule) geht davon aus, daß die Gesellschaft nur in ihrer Totalität richtig zu erfassen ist. Außerdem steht für sie nicht die Frage im Mittelpunkt, was und wie etwas erkannt werden soll, sondern wozu die Wissenschaft dient. So lehnt sie auch die Forderung nach Werturteilsfreiheit ab und steht der empirisch-statistischen Methode sehr skeptisch gegenüber. Nach ihrer Auffassung ist das Ziel der Sozialwissenschaft, durch dauernde Reflexion die Emanzipation des Menschen von seinen vielen Zwängen und Pressionen zu erreichen. Hierbei haben Forderungen nach Effizienz und Funktionsfähigkeit einen Stellenwert, der dem Ziel der Emanzipation und spontanen Kreativität untergeordnet ist.

3. Die marxistisch-leninistische Richtung hat in einigen Punkten Ähnlichkeit mit der kritischen Theorie, ist aber nicht identisch mit ihr. Auch für sie stellt die Gesellschaft ein unteilbares Ganzes dar. In ihrer Entwicklung und in ihrer Struktur ist sie von den Produktivkräften und Produktionsverhältnissen abhängig, die sich im geschichtlichen Ablauf in der Form des Klassenkampfes niederschlagen. Die Tatsache, daß diese Theorie in den Staaten des Ostblocks nicht nur eine wissenschaftliche Theorie unter vielen ist, sondern die Grundlage der dort praktizierten Staats-, Wirtschafts- und Gesellschaftsordnung darstellt, gibt dieser Richtung ein besonderes Gewicht.

Wenn wir uns in der folgenden Betrachtung an der funktionalistischen, positivistischen Theorie orientieren, so geschieht dies aus mehreren Gründen:

a) Diese Theorie wird heute zum großen Teil an den Hochschulen und in der Fachliteratur vertreten.

b) Die kritische Stellungnahme, die in den hier abgedruckten Quellentexten zutage tritt, wird nur verständlich auf Grund der Kenntnis der Theorie selbst.

c) Die sogenannte kritische Theorie hat entsprechend ihrem Selbstverständnis kein eigenes Lehrsystem entwickelt.

d) Mit dem Einbau des Abschnittes ‚Problematisierung' und durch die Auswahl der Quellen werden dem Leser wesentliche Ansätze der beiden anderen Richtungen (der kritischen und der marxistischen) vorgestellt.

Die Gliederung der beiden Hauptteile ergibt sich aus der Frage nach den wesentlichen Merkmalen, Trends und Problemen der Industriegesellschaft im allgemeinen und denen der Bundesrepublik im besonderen. So entstehen für jeden Hauptteil vier Unterrichtseinheiten, die, in Form von Thesen formuliert, typische Merkmale und Trends zum Inhalt haben.

1. Die moderne Industriegesellschaft unter soziologischem Aspekt

1.1. Die moderne Industriegesellschaft ist eine schichtdifferenzierte und mobile Gesellschaft

1.1.1. Hinführung

Es gibt Eltern, die das Letzte zusammenraffen, damit ihre Kinder „etwas Besseres" werden.
Es gibt Menschen, die am Lebensnotwendigen sparen, um nach außen durch ein teures Auto oder kostspielige Kleidung als „etwas Besseres" zu gelten.
Es gibt Ehescheidungen, weil der eine Partner nicht „standesgemäß" ist.
Es gibt Verbrechen und Selbstmorde wegen gesellschaftlicher Zurücksetzung.
Es gibt Menschen, die direkt Gewalt an anderen Menschen ausüben, weil sie „über" ihnen stehen.
Es gibt Menschen, die direkt Gewalt an anderen Menschen ausüben, weil sie „unter" ihnen stehen.
Die Menschen machen sich anscheinend feste Vorstellungen über ein ‚Oben' und ‚Unten' in ihrer Gesellschaft und knüpfen daran Wertvorstellungen, die ihr Leben entscheidend beeinflussen.

1.1.2. Information

In der Sicht des Soziologen stellt sich der in Gesellschaft lebende Mensch als Träger verschiedener Positionen dar. Sie umreißen die Stellung, die ein Mensch im Verhältnis zu seiner gesellschaftlichen Umwelt einnimmt.
Im Rahmen einer westeuropäischen Industriegesellschaft erhalten folgende Positionen ein besonderes gesellschaftliches Gewicht: Beruf, Einkommen, Bildung bzw. Ausbildung, Herkunft, Besitz. Die Bedeutung der einzelnen Positionen richtet sich danach, inwieweit sie die gesellschaftliche Einschätzung und Bewertung des Einzelnen oder einzelner Gruppen mitbestimmen.
In diesem Fall – wenn mit den verschiedenen Positionen eines Menschen soziale Wertschätzung im Sinne einer Rangabstufung verbunden ist – spricht der Soziologe von sozialem Status. Der soziale Status der Mitglieder einer Gesellschaft ist der Ausgangspunkt für die Konstruktion eines gesellschaftlichen Schichtmodells.
Die Einteilung in erworbene und zugewiesene Positionen ist eine methodische Hilfe. Als erworbene Positionen gelten Beruf, Einkommen, Bildung usw., als zugewiesene u. a. Herkunft, Geschlecht, Hautfarbe.
Wenn wir davon ausgehen, daß die Menschen, die ähnliche oder gleiche Positionsmerkmale haben, ein und derselben Schicht angehören, dann gewinnt die Frage Bedeutung, ob die er-

worbenen oder die zugewiesenen Positionen ein stärkeres Gewicht haben bei der Einschätzung des Einzelnen und seiner Zuweisung zu einer bestimmten gesellschaftlichen Schicht. Wir müssen dabei berücksichtigen, daß nicht in jedem Fall klar zwischen beiden Positionsgruppen zu unterscheiden ist (z. B. die Vererbung einer vom Vater erworbenen Position auf den Sohn), und drittens, daß in ein und derselben Gesellschaft das Gewicht der erworbenen und zugewiesenen Positionen verschieden groß sein kann (z. B. die unterschiedliche gesellschaftliche Einschätzung eines Farbigen und eines Weißen bei sonst gleichen Positionen).

Betrachten wir die Schichtung der Gesellschaft als Ganzes, so stellt sich die Schicht als Teil dieser Gesamtgesellschaft mit gleicher oder verwandter Soziallage und gleichem bzw. ähnlichem Bewußtsein ihrer Mitglieder dar. Wir kennen solche Differenzierungen (Schichtmodelle) in den geschichtlichen Erscheinungsformen Kaste, Stand und Klasse.

Nach der Definition des Soziologen Eisermann[1] beruht die Kaste auf der von den Angehörigen einer Gesamtgesellschaft scharf empfundenen, metaphysisch, bzw. religiös begründeten blutsmäßigen, rituellen und rechtlichen Absonderung der Kastenangehörigen von den übrigen Gesellschaftsmitgliedern. Der Stand bildet ebenfalls eine auf geburtsmäßiger Herkunft und daraus abgeleitetem besonderem Recht beruhende prinzipiell geschlossene Gruppe, wenn auch die Grenzen zu den anderen Ständen der betreffenden Gesellschaft nicht so schroff empfunden werden wie bei der Kaste und zumeist keine religiöse Differenzierung zwischen den einzelnen Ständen besteht oder betont wird. Der Begriff Klasse ist – soweit er nicht heute als Synonym für Schicht gebraucht wird – weitgehend von Marx geprägt. Als wichtigstes Kriterium seiner Zweiklassengesellschaft (Kapitalisten und Proletarier) gilt der private Besitz oder Nichtbesitz von Produktionsmitteln.

Es wird oft die Frage gestellt, ob man die Schichtstruktur einer Gesellschaft direkt nachweisen oder genau ermitteln kann. Es ist das Verdienst der statistisch-empirischen Soziologie, schon recht präzise Ergebnisse erbracht zu haben. Am Anfang solcher Untersuchungen steht die Überlegung, daß die Mitglieder einer Gesellschaft im großen und ganzen eine gemeinsame Vorstellung von gesellschaftlicher Rangordnung haben, die sich in europäischen Industriegesellschaften vorwiegend an Beruf, Einkommen, Bildung, Herkunft und bestimmten Statussymbolen orientiert.

Den Vorgang der Einordnung durch die Gesellschaft bezeichnen amerikanische Soziologen als „grilling process" (jemanden am Spieß drehen und wenden). Bolte erläutert ihn folgendermaßen[2]: Bei Bekanntwerden der allgemeinen Lebensverhältnisse eines Menschen lassen sich diesem eine Reihe „sozial relevanter", das sind das gegenseitige Verhalten von Menschen beeinflussende Merkmale, zuordnen.

Er hat ein bestimmtes Geschlecht, ein bestimmtes Alter und meist einen bestimmten Beruf. Er gehört einer bestimmten Religionsgemeinschaft an und erscheint etwa als ehrlich, fleißig, träge usw. Nimmt man aus der Reihe dieser Merkmale jene heraus, die wie fleißig, ehrlich, treu aus einer Beurteilung seines individuellen Verhaltens resultieren, dann bleiben Merkmale übrig, die ihm „objektiv" zugeordnet werden können, z. B. Beruf, Einkommensverhältnisse, Bildung, Familienstand, Geschlecht.

Diese Merkmalkombination wird dann in einen Statusindex verarbeitet, der die soziale Bedeutung der Merkmale für die betreffende Gesellschaft verschieden gewichtet, z. B. den Beruf höher als den Familienstand. Mit Hilfe eines solchen statistischen Verfahrens läßt sich die Struktur einer Gesellschaft erfassen. Obwohl die Untersuchungstechniken der Soziologen, z. B.

---

[1] Eisermann, G.: Die Lehre von der Gesellschaft, Stuttgart 1969, S. 92 f.
[2] Bolte, K. M.: Deutsche Gesellschaft im Wandel, Opladen 1966, S. 244.

Moore/Kleining, Scheuch unterschiedlich waren, entstand für die Schichtstruktur der Bundesrepublik ein ziemlich übereinstimmendes Bild.

Ein anschauliches Beispiel über die Schichtzuweisung auf Grund weniger Merkmale gibt der in den USA lebende österreichische Soziologe Peter L. Berger:

„Ein Soziologe, der nicht auf den Kopf gefallen ist, kann über jemanden, von dem ihm zwei Hauptindizien der Klassenzugehörigkeit gegeben werden: Einkommen und Beruf, eine ganze Liste von Aussagen machen, auch wenn er weiter nichts erfährt. Diese seine Aussagen – oder besser Voraussagen – sind, wie alle soziologischen Voraussagen, im Grunde statistischer Natur. Das heißt, es sind Wahrscheinlichkeitsaussagen, denen ein gewisser Spielraum für Fehler zuzugestehen ist. Nichtsdestoweniger treffen sie mit ziemlicher Sicherheit zu. Wenn die beiden genannten Informationen über eine Person vorliegen, kann der Soziologe in einer Art Umkehrung des beliebten Fernsehspiels „Heiteres Berufsraten" sagen, in was für einem Teil der Stadt der Betreffende wohnt und wie groß und komfortabel die Wohnung ist. Er kann auch eine generelle Beschreibung der Innenausstattung geben und sagen, was für

Statusaufbau und Schichtungen der Bevölkerung der BRD

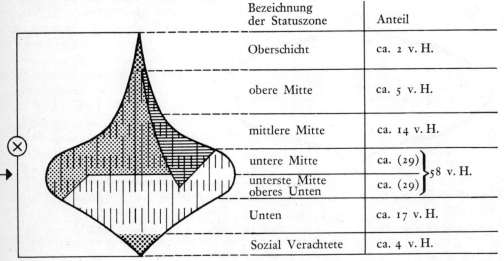

Bezeichnung der Statuszone	Anteil
Oberschicht	ca. 2 v. H.
obere Mitte	ca. 5 v. H.
mittlere Mitte	ca. 14 v. H.
untere Mitte	ca. (29) ⎫ 58 v. H.
unterste Mitte oberes Unten	ca. (29) ⎭
Unten	ca. 17 v. H.
Sozial Verachtete	ca. 4 v. H.

Die Markierungen in der breiten Mitte bedeuten:

▓ Angehörige des sogenannten neuen Mittelstands

☰ Angehörige des sogenannten alten Mittelstands

☐ Angehörige der sogenannten Arbeiterschaft

Punkte zeigen an, daß ein bestimmter gesellschaftlicher Status fixiert werden kann.

Senkrechte Striche weisen darauf hin, daß nur eine Zone bezeichnet werden kann, innerhalb derer jemand etwa im Statusaufbau liegt

⊗ Mittlere Mitte nach den Vorstellungen der Bevölkerung

→ Mitte nach der Verteilung der Bevölkerung. 50 v. H. liegen oberhalb, bzw. unterhalb im Statusaufbau

Entnommen aus: Bolte, K. M., Deutsche Gesellschaft im Wandel, Opladen 1966, S. 316. Die Abbildung weist die Form einer Zwiebel auf. Etwa 60% aller Gesellschaftsmitglieder liegen in den breiten, allerdings auch in sich abgestuften Mittellagen, ca. 17% schließen sich dicht nach oben und nach unten an, nur ca. 4% lassen sich nach unten und nur 2% nach oben als deutliche Enden charakterisieren.

eine Kategorie von Bildern an den Wänden hängt und welche Bücher und Zeitschriften auf den Wohnzimmerregalen stehen. Ja, er errät sogar, was für eine Musik sein Mann gerne hört und ob er dazu ins Konzert geht oder beim Grammophon oder Radio sitzt. Er weiß ziemlich genau, in welchen Vereinen der Mann ist und welches Gebetbuch er hat. Er kennt seine politische Einstellung und weiß, was er zu bestimmten öffentlichen Problemen sagen wird ... Er kann einigermaßen zutreffende Behauptungen über Krankheiten, körperliche wie geistige, aufstellen, mit denen sein Mann rechnen kann oder nicht. Er ist also, wie wir sehen, in der Lage, ihn auf der Lebenserwartungstabelle eines Agenten richtig unterzubringen. Und sollte es ihn zu guter Letzt gelüsten zu erfahren, ob er richtig geraten hat, so kann er sogar – mit einiger Sicherheit – voraussagen, ob ihm das lebendige Vorbild seines Homunculus ein Interview gewähren wird oder nicht."[3]

Neben den objektiven, d. h. mit meßbaren Daten ermittelten Schichtstrukturen lassen sich andere Schichtmodelle entwickeln, die von den undifferenzierten Vorstellungen ausgehen, die die Menschen von ihrer Gesellschaft haben. Danach lassen sich zwei Modelle unterscheiden:

Das erste Modell entspricht der Vorstellung einer zwar geschichteten, jedoch durch fortdauernde Nivellierung vereinheitlichten Mittelstandsgesellschaft. Entscheidend für die Einordnung des einzelnen in eine Schicht bzw. ein Schichtkontinuum (mehrere Schichten, die ineinander übergehen), sind die Einkommensverhältnisse, die einen bestimmten Lebensstandard garantieren. Da die Leitlinien für die Verwendung der finanziellen Mittel auf den verschiedenen Einkommensstufen durch Werbung und mit Hilfe der Massenmedien weitgehend vereinheitlicht werden, entsteht eine Lebensweise und Mentalität, die für die Mehrzahl der Bevölkerung nivellierte und mittelständische Züge trägt.[4]

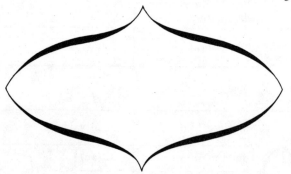

Schichtung der privaten Haushalte nach der Höhe des Haushaltsnettoeinkommens 1969 je Monat

	Zahl der Haushalte in 1000	Haushaltsnettoeinkommen von ... bis unter ... DM							
		unter 300	300 bis 600	600 bis 800	800 bis 1000	1000 bis 1200	1200 bis 1500	1500 bis 1800	1800 bis 2500	2500 bis 10000
		in %							
Haushalte insgesamt	20 540	(2,2)	12,4	10,1	11,7	12,5	16,5	11,8	14,3	8,5
		nach der sozialen Stellung des Haushaltsvorstandes								
Landwirt	765	–	–	3,1	5,8	11,4	13,3	16,6	28,5	17,1
Selbständiger	1568	–	1,8	3,6	4,5	6,3	10,3	11,5	23,3	38,0
Beamter	1229	–	–	–	4,5	10,8	19,9	18,1	29,4	16,5
Angestellter	3576	–	1,1	4,8	8,6	11,5	19,3	16,9	24,4	13,3
Arbeiter	6323	–	3,2	8,3	15,3	19,2	24,9	14,5	11,8	2,5
Nichterwerbstätiger	7079	6,0	31,9	18,1	13,4	8,9	8,6	5,2	5,4	2,5

Quelle: Statistisches Jahrbuch 1973, S. 503.

[3] Berger, P. L.: Einladung zur Soziologie, Olten 1969, S. 92/93.
[4] Fürstenberg, F.: Die Sozialstruktur der Bundesrepublik Deutschland, Köln/Opladen 1967, S. 11.

Dem zweiten Modell liegt die Vorstellung von zwei Schichten zugrunde, die sich diametral als Klassen gegenüberstehen.

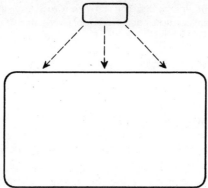

Ein solches Modell bezeichnet man auch als dichotomisch (Dichotomie = Zweiteilung). Danach beherrscht eine geringe Anzahl von Menschen, die die ökonomische und politische Macht innehaben, eine große Zahl der Nichtbesitzenden und Machtlosen.
Die marxistische Klassentheorie geht im Prinzip von dem 2. Modell aus, wobei zwischen der objektiven Klassenlage, d. h. der Trennung von Besitz und Nichtbesitz an Produktionsmitteln, und dem Klassenbewußtsein, der subjektiven Klassenlage, unterschieden wird.
Gehen wir davon aus, daß Gesellschaft immer in Veränderung begriffen ist, so wird eine doppelte Bewegung sichtbar. Einmal verändert sich die gesamte Schichtstruktur, und zum anderen besteht eine Mobilität der einzelnen Personen oder Gruppen. Beide Bewegungsgrößen stehen miteinander in Wechselwirkung.
Die soziale Mobilität erstreckt sich nach drei Richtungen, so daß man eine vertikale (Aufstieg und Abstieg) und eine horizontale Mobilität (innerhalb einer Schicht) unterscheidet (siehe Skizze!).

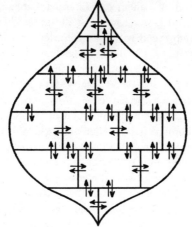

Anmerkung:
1. Die Pfeile deuten darauf hin, daß sich diese Positionen je nach der spezifischen Ausformung verschieben; so liegt der Flickschneider ohne Gesellen evtl. unter bestimmten Industriefacharbeiterberufen, der Inhaber eines Geschäftes für Herren- und Damenbekleidung mit mehreren Angestellten evtl. über dem Volksschullehrer.

2. Die Einordnung von Opernsängern und ähnlichen Berufen weichen je nach dem Bildungsniveau des Befragten und nach dem Niveau des dem Befragten bekannten Theaters stark voneinander ab.
3. Die obige Abstufung beruht im wesentlichen auf den Urteilen städtischer Bevölkerungsgruppen. Nach vorliegenden Untersuchungen rücken auf dem Dorf Groß- und Mittelbauern in die Obergruppe an die Seite der auf dem Dorf zu findenden Akademiker und Großbauern, gelegentlich sogar über diese.
4. Die Reihenfolge der Positionen innerhalb der Gruppen stellt keine Abstufung dar.

Quelle: Bolte (21), S. 243.

Der Grund für die Überbewertung des Berufs bei der Status- und Schichtzuweisung liegt in der fortschreitenden Technisierung und Automatisierung unserer hochdifferenzierten arbeitsteiligen Industriegesellschaft; denn eine solche Gesellschaft ist auf Effizienz und damit auf Leistung ausgerichtet (Leistungsgesellschaft). Leistung ihrerseits setzt Wettbewerb voraus und einen auf berufliche Qualifikation ausgerichteten Selektionsmechanismus in Gang.

Die Frage, wo diese Qualifikationen erworben werden, führt zum Bildungs- und Ausbildungssystem der Gesellschaft. Durch empirische Untersuchungen läßt sich für unsere Industriegesellschaft eine relativ hohe Korrelation zwischen Bildung und Berufsposition nachweisen. Forderungen nach größerer sozialer Mobilität müssen sich danach konsequenterweise an unser Bildungs- und Ausbildungssystem richten.

Es ist bekannt, daß von Schule und Elternhaus weitgehend die Bildung und Ausbildung des Menschen abhängen, auch wenn der starke Einfluß der vorgegebenen Erbfaktoren nicht zu übersehen ist. Man glaubt, daß in unseren Schulen zwar soziale Chancen verteilt werden, jedoch die Verteilung schon durch die sozioökonomischen Verhältnisse im Elternhaus festgelegt ist. So entstehen Mobilitätsbarrieren, die vor allem die Kinder aus den unteren Schichten benachteiligen.

Was „Begabung" eigentlich ist, läßt sich nach dem Stand der gegenwärtigen Diskussion nicht klar beantworten. Sicher erscheint allerdings eines, daß die Lernfähigkeit des Kindes in starkem Maße von seiner sozialen Umwelt, vor allem vom Elternhaus abhängt.

Bei dem relativ späten Schuleintritt der Kinder ist die unterschiedliche Leistungsmotivation durch das Elternhaus schon weitgehend wirksam geworden. Eine solche Motivation wird dort am stärksten erreicht, wo das Kind zur Selbständigkeit und Selbstkontrolle erzogen wird, wo sein Denkvermögen und seine Wißbegierde angeregt und wo seine Sprache als das wichtigste Instrument der Umwelterfassung entsprechend ausgebildet wird.

Die angeführten Merkmale stellen zwar nur einen Ausschnitt dar, er genügt jedoch, um zu zeigen, daß der relativ hohe Grad der Berufsmobilität in Wirklichkeit schon in der Weichenstellung über die Schule zum Beruf, d. h. durch den unterschiedlichen sozialen Status des Elternhauses stark eingeschränkt wird. (Siehe dazu die Tabelle über Schichtzugehörigkeit und Verteilung der verschiedenen Schulsysteme!)

Wir werden dem komplexen und statistisch schwer erfaßbaren Phänomen der Mobilität noch mehr gerecht, wenn wir die zeitliche Dimension berücksichtigen. So kann sich der Wechsel der Position, bzw. des Status von einer Generation zur anderen (Intergenerationenmobilität) oder auch innerhalb einer Generation (Intragenerationsmobilität) vollziehen.

Der Grad der Mobilität hängt in erster Linie von der Veränderbarkeit der Faktoren ab, die wir als erworbene Positionen bezeichnet haben wie z. B. Beruf, Einkommen, Bildung bzw. Ausbildung. Diese Faktoren stehen in einem engen Zusammenhang, wobei dem Beruf in unserer Industriegesellschaft eine besondere Bedeutung zukommt.

Kontrollfragen

1. Was versteht man unter einer sozialen Position? – 2. Nennen Sie Beispiele für erworbene und zugewiesene Positionsmerkmale! – 3. Worin besteht der Unterschied zwischen Position und sozialem Status? – 4. Nennen Sie verschiedene Schichtmodelle und beschreiben Sie diese! – 5. Welche Kriterien sind für die Schichtdifferenzierung in einer westlichen Industriegesellschaft besonders wichtig? Nennen Sie die Gründe dafür! – 6. Was versteht der Soziologe unter sozialer Mobilität? – 7. In welcher Beziehung steht die Bildung bzw. Ausbildung zur sozialen Mobilität?

a) Berufskategorien im Statusaufbau der BRD

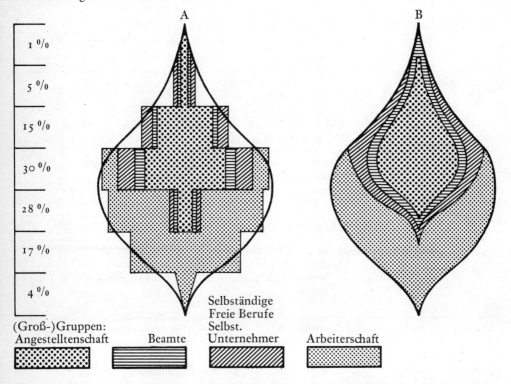

Ausgangspunkt dieser Darstellung (A) sind die Untersuchungen über den Statusaufbau der Gesellschaft, die Moore-Kleining 1960 in der Bundesrepublik vorgenommen haben. Aus ihnen stammen die Prozentzahlen im Schaubild. Die Spalte beispielsweise, die in unserer Graphik 15 % umfaßt, umfaßt bei Moore-Kleining mittlere Angestellte und Beamte, Elektroingenieure, Fachschullehrer, mittlere Geschäftsinhaber, Apotheker. Die Ergebnisse stimmen in großen Zügen mit jenen überein, die Scheuch 1961 ermittelt hat. Bei ihm heißt der gleiche Personenkreis „Mittlere Mittelschicht" und wird mit 14,6 % beziffert. Bei anderen Schichten, z. B. bei der „Unteren Mittelschicht", sind die Abweichungen größer. Auf derartige Abweichungen kommt es jedoch nicht entscheidend an, weil eine graphische Darstellung – noch dazu in diesem kleinen Maßstab – ohnehin nur Anhaltspunkte liefern und eine gesellschaftliche Situation im Stile einer Momentaufnahme veranschaulichen kann und soll. Daß in dieser Graphik die „Spitze" unverhältnismäßig verbreitert werden mußte, wird verständlich, wenn man bedenkt, daß dieser „Spitze" nur 1 % (nach Scheuch 2,7 %) der Bevölkerung zuzurechnen sind.
Durch die Einteilung der Gesellschaft in sechs bzw. sieben „Schichten" entsteht sowohl in der Grund-

kontur als auch in den einzelnen Gruppen ein treppenförmiges Bild. Das aber kann der gesellschaftlichen Wirklichkeit nicht entsprechen. Allen Erfahrungen nach sind die Übergänge von einer Schicht zur anderen in der Realität nicht abrupt, nicht treppenförmig, sondern fließend, kurvenförmig.

Deshalb haben wir aus dem Schaubild A die Version B entwickelt, die unserer Ansicht nach der Wirklichkeit näher kommt. Der Status der Mitglieder der Gesellschaft, aber auch der Gruppen, zeigt sich in beiden Schaubildern auf der senkrechten Achse. Die Verteilung auf der Waagrechten soll eine *ungefähre* mengenmäßige Vorstellung vermitteln. Im Schaubild B werden auch besonders gut die Überlappungen zwischen den einzelnen Gruppen bzw. Großgruppen deutlich.

Quelle: DAG (57), S. 28, entnommen aus: Bolte, K. M., Beruf und Gesellschaft in Deutschland, Opladen 1970, S. 72.

b) Tabelle Prestigelage ausgewählter Berufspositionen nach Untersuchungen in der BRD

Lage	Männerberufe	Frauenberufe
Spitzenpositionen	Höchste Regierungsbeamte, Minister, Bischöfe, Professoren, Direktoren größerer Unternehmungen und Banken, Chefärzte größerer Kliniken	Universitätsdozentinnen, Ärztinnen,
Obergruppe	sonstige akademische Berufe, höhere Beamte, Abteilungsleiter in größeren Betrieben	Regierungsrätinnen, Studienrätinnen
Obere Mittelgruppe	Volksschullehrer, Fachschulingenieure	Volksschullehrerinnen Gewerbelehrerinnen
Gehobene Mittelgruppe	Selbständige Einzelhändler und Handwerker, Bankbuchhalter, mittlere Beamte, Bauern (mittlere)	Med.-techn. Assistentinnen Krankenschwestern, Buchhalterinnen
Mittlere Mittelgruppe	Werkmeister, Industriefacharbeiter	Stenotypistinnen (Sekretärinnen), Köchinnen, Friseusen
Untere Mittelgruppe	Maurer, Kellner, Straßenbahnschaffner, Verkäufer (Kolonialwarengeschäft), Musiker, Seeleute	Verkäuferinnen (Warenhaus), Kellnerinnen
Endpositionen	Hilfsarbeiter, Landarbeiter, Straßenreiniger	ungelernte Arbeiterinnen, Reinemachefrauen

Quelle: Bundesarbeitsblatt 1966/6, S. 182.

c) Erwerbstätige Männer im Alter von 15 bis unter 65 Jahren nach der Art der Ausbildung und nach Einkommensgruppen im April 1964 (ohne Erwerbstätige in der Landwirtschaft, mithelfende Familienangehörige und Erwerbstätige ohne Angabe der Ausbildung oder des Einkommens):

Art der Ausbildung, die die Grundlage für die gegenwärtige Tätigkeit bildet	Insgesamt	Davon mit ... DM monatliches Nettoeinkommen		
		unter 600	600 bis 1200	1200 und mehr
	1000	v. H.	v. H.	v. H.
Pädagogische Hochschule, Universität, Sonstige Hochschule	642	8,8	46,1	45,2
Berufsfach-, Verwaltungs-, Fach-, Techniker- oder Ingenieurschule	1080	40,7	48,8	10,5
Berufsbildende Schule und praktische Ausbildung	4750	55,2	38,6	6,2
Nur praktische Ausbildung	3633	53,5	42,1	4,5
Betriebliche Einarbeitung	3969	65,1	33,5	1,4
Ohne Ausbildung	5765	75,9	22,4	1,7
Insgesamt	19840	60,6	34,3	5,1

Quelle: Bundesarbeitsblatt 1966/6, S. 182.

d) Studenten und soziale Herkunft:

Stellung des Vaters im Beruf	1950/51	1958/59	1966/67	1966/67	1969/70
	in Prozent der Studierenden			in Prozent d. Studienanfänger	
Selbständiger	35,4	31,0	29,5	31,0	28,7
Beamter	39,6	35,1	30,9	28,5	25,6
Angestellter	20,9	26,9	31,7	32,0	33,9
Arbeiter	3,6	5,3	5,7	6,4	9,7
Insgesamt in 1000	100,5	151,2	259,5	56,3	43,1

Quelle: Deutsches Industrieinstitut, 21. X. 1971.

e) Gesellschaftsstruktur der Bundesrepublik

Anteil der Gruppen an der Gesamtzahl der Erwerbstätigen in Prozent

	1950	1967	1970	1950	1967	1970
	insgesamt			darunter Männer		
Selbständige	16,0	11,5	10,7	18,8	14,2	13,1
Beamte		7,0	7,2		9,8	10,0
Angestellte	68,4	27,2	28,6	76,7	21,7	22,8
Arbeiter		46,3	46,6		52,4	52,4
		80,5	82,4		83,9	85,2

Differenz zu 100: mithelfende Familienangehörige

Quelle: Deutsches Industrieinstitut 21. X. 1971.

Die Industriegesellschaft unter soziologischem Aspekt

f) Hauptgruppen im Statusaufbau der mittelalterlichen ländlichen Feudalgesellschaft

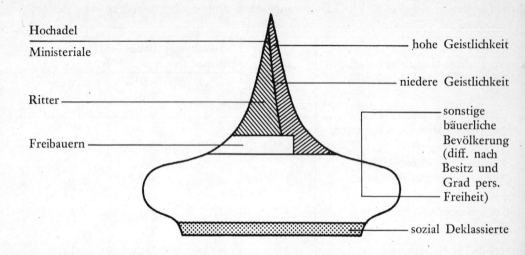

Hauptgruppen im Statusaufbau der mittelalterlichen Stadt

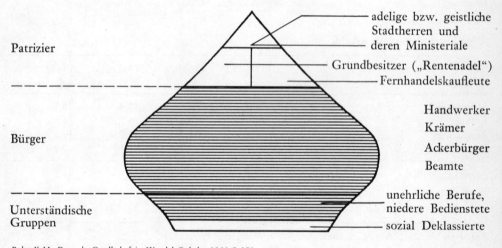

Bolte, K. M.: Deutsche Gesellschaft im Wandel. Opladen 1966. S. 270.

Arbeitsvorschläge

1. Stellen Sie anhand der angeführten Schaubilder einen Vergleich zwischen den Gesellschaftsmodellen des Mittelalters und der Industriegesellschaft auf! – 2. Versuchen Sie mit Hilfe Ihrer Geschichtsbücher die verschiedenen Gesellschaftsmodelle näher zu beschreiben und zu interpretieren!

1.1.3. Problematisierung

Die Frage nach der Existenz der Gesellschaft und nach einer möglichen Veränderung ihrer scheinbaren Determiniertheit stand am Beginn der Geschichte der Soziologie, einer Wissenschaft, von der der Soziologe Helmut Schelsky behauptet, daß sie nicht nur ständig an die ärgerliche Tatsache der Gesellschaft erinnert, sondern an die vielleicht noch ärgerlichere der sozialen Ohnmacht des Menschen, die all sein soziales Handeln auch in der modernen Gesellschaft noch begleitet[5].

I. Teil

Bei der Beantwortung der Frage nach dem Ursprung der sozialen Ungleichheit lassen sich verschiedene Gründe anführen. Als wichtigste erscheinen:
a) Biologisch bedingte Merkmale, die sich aus der unterschiedlichen physischen, psychischen und geistigen Konstitution ergeben;
b) Unterschiede, die sich durch Eigentumsverhältnisse entwickeln;
c) Unterschiede, die aus der Arbeitsteilung resultieren.
d) Einen weiteren Erklärungsansatz liefert Dahrendorf. Er geht davon aus, daß es in allen Gesellschaften Normen gibt, die den Menschen als unausweichliche Verhaltenszumutungen begegnen. Hoher Status läßt auf gute Normerfüllung, niedriger Status auf eine mangelhafte Normerfüllung schließen. Die Normen sind an die jeweiligen Herrschaftsverhältnisse gebunden.
Die „Funktionalisten" gehen von folgender Voraussetzung aus:
1. Die soziale Schichtung ist ein für die jeweilige Gesellschaft funktionales System der institutionalisierten Ungleichheit der Belohnung, die an die verschiedenen sozialen Positionen geknüpft sind.
2. Dieses System hat für die Gesellschaft eine notwendige selektive Wirkung.
3. Für die Wahrnehmung höherer Positionen ist nur eine begrenzte Anzahl von Talenten vorhanden.
4. Durch höhere materielle, ideelle und symbolische Belohnungen werden die Talente angereizt, die Mühe einer langen Ausbildung und einer anstrengenden und anspruchsvollen Tätigkeit auf sich zu nehmen[6].
In den folgenden Quellen wird der Standpunkt des Marxismus und des Neomarxismus wiedergegeben.

a) Aus dem Wörterbuch der marxistisch-leninistischen Soziologie *zum Stichwort Sozialstruktur:* Die soziale Grundstruktur ist die ökonomische Gesellschaftsformation, die die Produktionsweise und den Überbau umfaßt. Sie bestimmt letztlich die Gesamtstruktur des gesellschaftlichen Lebens; in ihr wurzeln alle wesentlichen und gesellschaftlichen Beziehungen der Menschen. Die soziale Grundstruktur trägt objektiven Charakter. Im Gegensatz zur bürgerlichen Soziologie geht die marxistisch-leninistische Soziologie davon aus, daß der Charakter der ökonomischen Gesellschaftsformation durch die materiellen gesellschaftlichen Verhältnisse, d. h. durch die Gesamtheit der Produktions- und Reproduktionsbeziehungen des gesellschaftlichen Lebens, bestimmt ist. Sie hebt deshalb die ökonomische Struktur aus den vielfältigen sozialen Strukturen der Wirklichkeit und damit die Produktionsverhält-

---
[5] Schelsky, H.: Ortsbestimmung der Gegenwart. Düsseldorf/Köln, 1959, S. 144.
[6] Rüegg, W.: Soziologie. Frankfurt/Hamburg 1969, S. 205 f.

nisse aus der Fülle der Vielfalt der zwischenmenschlichen Beziehungen und Verhältnisse als ursprünglich grundlegende und letztlich bestimmende Verhältnisse hervor ... Die bestimmende Seite und zugleich der „juristische Ausdruck" (Marx) der ökonomischen Struktur sind die Eigentumsverhältnisse. Sie haben für die wechselseitigen Beziehungen der Individuen, für die Bestimmung der Klassenstruktur und der Schichtenstruktur der Gesellschaft entscheidende Bedeutung. Die sozialökonomische Struktur und die Klassenstruktur sind die wichtigsten sozialen Strukturformen der Gesellschaft ...

Zum Stichwort soziale Klasse: Nur der Marxismus-Leninismus entwickelte eine wissenschaftliche Lehre von den Klassen und vom Klassenkampf. Diese Lehre ist ein Eckstein im Gebäude der marxistischen Theorie. „Als Klasse bezeichnet man große Menschengruppen, die sich voneinander unterscheiden nach ihrem Platz in einem geschichtlich bestimmten System der gesellschaftlichen Produktion, nach ihrem (größtenteils in Gesetzen fixierten und formulierten) Verhältnis zu den Produktionsmitteln, nach ihrer Rolle in der gesellschaftlichen Organisation der Arbeit und folglich nach der Art der Erlangung und der Größe des Anteils am gesellschaftlichen Reichtum, über den sie verfügen. Klassen sind Gruppen von Menschen, von denen die eine sich die Arbeit einer andern aneignen kann infolge der Verschiedenheit ihres Platzes in einem bestimmten System der gesellschaftlichen Wirtschaft" (Lenin, 29, S. 410). ... Das ist eine der großen wissenschaftlichen Leistungen von Marx, der seinen Beitrag folgendermaßen charakterisierte: „Was ich neu tat, war 1. nachzuweisen, daß die Existenz der Klassen bloß an bestimmte historische Entwicklungsphasen der Produktion gebunden ist; 2. daß der Klassenkampf notwendig zur Diktatur des Proletariats führt; 3. daß diese Diktatur selbst nur den Übergang zur Aufhebung aller Klassen und zu einer klassenlosen Gesellschaft bildet" (Marx/Engels, 28, 508).

Wörterbuch der marxistisch-leninistischen Soziologie. Opladen 1971, S. 427f. und S. 237f.

b) Aus Paul M. Sweezy: Die Zukunft des Kapitalismus ...
Die grundlegende Einheit der Klassenmitgliedschaft ist die Familie. Jeder einzelne ist durch Herkunft und Geburt an eine bestimmte Klasse gebunden – an die Klasse, zu der seine Familie gehört. Ob zwei Familien derselben Klasse angehören oder nicht läßt sich ablesen an der Freizügigkeit, mit der sie untereinander heiraten (in Wirklichkeit oder potentiell) ...
Aber welcher Faktor bestimmt, wie viele Klassen es gibt und wo die Trennungslinie gezogen wird? Die Antwort liegt auf der Hand (und wird durch die empirische Untersuchung bestätigt): das Eigentumssystem spielt die Schlüsselrolle. Die oberen Klassen sind Eigentum besitzende Klassen; die unteren Klassen sind eigentumslose Klassen. Diese Aussage ist mit Absicht allgemein gehalten, denn die Zahl der Klassen und ihre Beziehungen zueinander sind von System zu System verschieden. Es ist falsch anzunehmen, eine Klasse müßte völlig homogen sein und sich scharf von anderen Klassen unterscheiden. In Wirklichkeit gibt es Unterschiede innerhalb der Klasse; und die eine Klasse geht meist bruchlos in die andere über ...
Welche Eigenschaften erwarten wir von der Klassenstruktur einer rein kapitalistischen Gesellschaft? Offenbar sind die beiden entscheidenden Klassen definiert durch das Wesen des Kapitalismus selbst: die Besitzer der Produktionsmittel (die Kapitalisten) und die Lohnarbeiter, die die Produktionsmittel in Bewegung setzen (die Arbeiterklasse). Es gibt keinen Zweifel bezüglich der Existenz oder der Bedeutung dieser beiden Klassen in Amerika. Sie sind die Eckpfeiler des amerikanischen Klassensystems.
Die Eckpfeiler eines Gebäudes sind jedoch nicht das ganze Gebäude; und das amerikanische Wirtschaftssystem zählt nicht nur Kapitalisten und Arbeiter. Zum einen gibt es unabhängige Produzenten (Handwerker und kleine Bauern), zu ihnen gehören auch die kleinen Ladenbesitzer und Dienstleistungslieferanten. Diese Leute machen die untere Mittelklasse oder Kleinbourgeoisie im ursprünglichen Sinne des Wortes aus. Zum anderen gibt es eine große Gruppe, die zwischen den Kapitalisten und Arbeitern steht und diesen nicht einfach zugeordnet werden kann: Regierungs- und Wirtschaftsbürokraten, Freiberuf-

liche, Lehrer, Journalisten, Werbefachleute usw. Man nennt sie nicht zu Unrecht die „neuen Mittelklassen" – „neu" wegen ihres auffallenden Wachstums, sowohl absolut als auch relativ zu anderen Klassen. Schließlich gibt es die sogenannten „Deklassierten" – Landstreicher, Spieler, Schieber, Prostituierte usw. –, von denen zwar in den offiziellen Statistiken keine Notiz genommen wird, die aber dennoch eine Rolle in der kapitalistischen Gesellschaft spielen, besonders in ihrem politischen Leben.

Wenn wir die Situation unter einem ökonomischen Blickwinkel betrachten, könnten wir sagen, daß die amerikanische Klassengesellschaft sich aus Kapitalisten, unterer Mittelklasse im klassischen Sinn, neuen Mittelklassen, Arbeitern und „Deklassierten" zusammensetzt. Es besteht jedoch kein Zweifel, daß dies keine exakte Beschreibung der wirklichen Klassenstruktur ist. Denn sobald wir das Kriterium der gegenseitigen Heiratsfähigkeit als einen Test für Klassenzugehörigkeit anwenden, stellt sich heraus, daß Menschen, die ökonomisch zu den neuen Mittelklassen zählen, in Wirklichkeit sich auf derselben sozialen Ebene befinden wie die Kapitalisten; daß kleinere Kapitalisten sozial nicht unterscheidbar sind von einem großen Teil der neuen Mittelklassen; und daß die Arbeiterklasse diejenigen einschließt, die gewisse vergleichbare Arbeiten verrichten, sei es mit ihren eigenen Produktionsmitteln, sei es mit Produktionsmitteln, die anderen gehören.

Diese Überlegungen führen uns zur folgenden Schlußfolgerung: die sozialen Klassen, wie wir sie gegenwärtig beobachten, sind nicht identisch mit den ökonomischen Klassen der kapitalistischen Gesellschaft; sie sind vielmehr Modifizierungen der ökonomischen Klassen. Dies ist, meine ich, ein wichtiger Punkt. Und nur, wenn wir ihn uns stets vor Augen halten, werden wir in der Lage sein, die entscheidende Rolle einzuschätzen, die der ökonomische Faktor in der Struktur und im Verhalten sozialer Klassen spielt.

Paul M. Sweezy: Die Zukunft des Kapitalismus und andere Aufsätze zur politischen Ökonomie. Frankfurt/M. 1970, S. 72–76.

Aufgaben zu Teil I

1. Nehmen Sie Stellung zu den Gründen, die zur sozialen Ungleichheit führen! – 2. Stellen Sie die unterschiedlichen Auffassungen des Marxismus und Neomarxismus (an Hand der Quellen) zu den bereits angeführten Gründen für die soziale Ungleichheit dar und vergleichen Sie die in den beiden Quellen vertretene Auffassung miteinander. 3. Nehmen Sie Stellung zu der These: Die BRD ist eine nivellierte Mittelstandsgesellschaft! (Benutzen Sie dazu die Tabellen und Schaubilder der Seiten 11, 12, 13, 14!) – 4. Wie stehen Sie zur These, daß die Abschaffung der Leistungsgesellschaft die soziale Ungleichheit wesentlich verringern oder sogar aufheben würde?

II. Teil

Die ungleiche Verteilung der Bildungschancen zählt – wie wir bereits feststellten – zu den wichtigsten Ursachen sozialer Ungleichheit.

„In modernen industriellen Gesellschaften wird – wie in zahlreichen Untersuchungen nachgewiesen werden konnte – der Zusammenhang zwischen Bildungsqualifikation und zukünftiger Berufsposition immer enger ...

Die in Noten und Zeugnissen eingehenden Urteile werden immer stärker als objektiver Maßstab für die Qualifikation eines Individuums herangezogen. Sie bilden folglich den wichtigsten Selektionsmechanismus innerhalb des Erziehungssystems und beim Zugang zu unterschiedlich bewerteten Berufspositionen als abhängige Variable der individuell erbrachten Leistung.

Über die Berufsposition werden nun den Mitgliedern einer Gesellschaft Sanktionen (Belohnungen) vermittelt, die allgemein als wertvoll geschätzt werden: Einkommen, Prestige und Macht. Somit läßt sich – pointiert formuliert – die Feststellung treffen: Formale Leistungszertifikate determinieren weitgehend die Lebenschancen und damit das soziale Schicksal eines Menschen. Es kristallisieren sich dem-

nach zwei personenbezogene manifeste Funktionen des Leistungsprinzips heraus:
1. Zuweisung der Mitglieder einer Gesellschaft auf die unterschiedlich bewerteten Berufspositionen (Allokation);
2. Differentielle Verteilung von Einkommen, Prestige und Macht über die bewertete Berufsposition (Statusdetermination).
Für eine moderne Industriegesellschaft ist die Institutionalisierung von Leistung sowie ihre Internalisierung als Handlungsnorm durch ihre Mitglieder in zweifacher Hinsicht funktional:
1. Die Auslese der um Berufspositionen konkurrierenden Individuen rein unter dem Gesichtspunkt der Fähigkeit ermöglicht eine optimale Besetzung der vielfältigen politischen, organisatorischen, wirtschaftlichen, technischen etc. Positionen. Das Leistungsprinzip ist damit Ursache und Bedingung einer gesellschaftlichen Entwicklung zu ökonomischer, politischer und sozialer „Modernität".
2. Das Leistungsprinzip legitimiert solche Formen sozialer Ungleichheit, die durch individuell erbrachte unterschiedliche Leistungen zustande gekommen sind. Seine Funktion läßt sich hier also als ideologisch charakterisieren ...
Durch die überragende Bedeutung von Mittelschichtennornem im Sozialisations- und Selektionsprozeß des Schulsystems wird der in der schichttypischen Sozialisationsleistung der Familie begründete Ungleichheitseffekt konserviert und perpetuiert. Das Schulsystem vertut damit seine prinzipielle Möglichkeit, eine Korrektur der in der Familie sich ereignenden Weichenstellung vorzunehmen mit der Konsequenz, daß die Chancen der Selbstverwirklichung auf der Grundlage einer optimalen Entwicklung aller individuellen Fähigkeiten als Rechtsanspruch jedes Menschen weiterhin Privileg der durch den familialen Sozialisationprozeß ohnehin schon favorisierten höheren Sozialschichten bleibt ... Eine Gesellschaft, die die Planung einer humanen Zukunft zu ihrem vorrangigen Ziel erklärt, sollte daher die Berechtigung des Zusammenhangs von bewerteter individueller Leistung und Entschädigung immer mehr in Frage stellen. Denn das Maß des gesellschaftlichen Reichtums, den ein industriell entfalteter Kapitalismus hervorbringt, und die technischen wie organisatorischen Bedingungen, unter denen dieser Reichtum produziert wird, machen es immer schwieriger, die Statuszuweisung auch nur subjektiv überzeugend an den Mechanismus der Bewertung individueller Leistung zu binden."

Steinkamp, G.: „Über einige Funktionen und Folgen des Leistungsprinzips in industriellen Gesellschaften." Aus Hamburger Jahrbuch für Wirtschafts- und Gesellschaftspolitik, 1971, S. 219 ff.

Aufgaben zu Teil II

1. Inwieweit besteht ein Zusammenhang zwischen Herkunft, Bildung, Beruf und sozialem Status? (Benutzen Sie dazu den Text von Steinkamp und die Statistiken auf Seite 18 und 19.) – 2. Wie stellen Sie sich die Verwirklichung der sozialen Chancengleichheit vor? – 3. Was halten Sie von dem Versuch, die Kinder möglichst frühzeitig außerhalb des Elternhauses unter gleichen sozialen Bedingungen zu erziehen? (Beispiel Kibbuz.)

1.2. Die moderne Industriegesellschaft ist eine Gesellschaft der sozialen Kontrolle

1.2.1. Hinführung

Der „gesunde Menschenverstand" sagt, was man den Kindern beibringen muß, damit sie im Leben zurechtkommen.
Viele Leute lesen in einem Anstandsbuch nach, wie man sich in der „Gesellschaft" zu benehmen hat.
In den amerikanischen suburbs achtet der Nachbar darauf, daß man sich in seinem Lebensstil nicht von anderen unterscheidet. („Keeping up with the Joneses")
Den Schülern erscheint der Lehrer beim Klassentreffen oder in einer persönlichen Unterhaltung anders als im Unterricht.
Werbepsychologen halten viel von dem Slogan: „Die High Society macht es so!"
Wer der Mode folgt, ist „in".
Diese Beispiele zeigen, wie sehr wir uns unserer gesellschaftlichen Umwelt und ihrem Urteil unterwerfen.

Information

Von dem Soziologen Theodor Geiger stammt der Satz: „Der Begriff der menschlichen Gesellschaft bedeutet, auf einen einfachen Ausdruck gebracht, daß Menschen in ihrem Dasein aufeinander eingestellt und angewiesen sind"[1].
Soziales Handeln, d. h. soziale Beziehungen, beruhen auf einer relativ konstanten Einstellung der Menschen, wonach sich der Kontakt mit anderen Menschen als Erwartung ungefähr voraussagen läßt. Anders formuliert: Menschliches Zusammenleben wird dadurch ermöglicht, daß der einzelne mit einiger Sicherheit voraussehen kann, wie der andere sich in einer bestimmten Situation verhalten wird. Umgekehrt wird der einzelne sich so verhalten, wie er es von den anderen in ähnlicher Situation erwartet, z. B. im Straßenverkehr.
Insgesamt gesehen stellt die Summe aller Verhaltensmuster mit den verschiedenen Formen ihrer Überwachung einen Prozeß dar, den wir als soziale Kontrolle bezeichnen.
Um einen Einblick in diesen komplizierten Prozeß zu erhalten, beschränken wir uns zunächst auf seinen gesamtgesellschaftlichen (makrosoziologischen) Aspekt. Hier lassen sich drei Gruppen von Handlungsschemata bzw. Normen unterscheiden. Es sind dies die Sitte, der Brauch und die soziale Gewohnheit. Diese Einteilung geht von dem Grad der Wichtigkeit, Durchsetzbarkeit und Gültigkeit der Verhaltenszumutung aus.
Die Sitten werden meist als das erwartete Mußverhalten einer Gesellschaft bezeichnet. Es sind grundlegende Normen bzw. Leitbilder, deren Kern ein bestimmtes Wertsystem der Gesellschaft ist. Dieser Kern der Sitten ist in allen komplexen und einfachen Gesellschaften zu einem kontrollierbaren System von Normen zusammengefaßt.
Ein Teil dieses Normensystems hat sich zu einem eigenen Rechtssystem entwickelt, das meist seinen Niederschlag in einer kodifizierten Form (z. B. positives Recht = schriftlich festgelegtes Recht) findet. Diese Rechtsnormen unterscheiden sich von den anderen Normen dadurch, daß

---

[1] Geiger, T.: Arbeiten zur Soziologie. Neuwied 1962, S. 364/65.

der Staat unmittelbar durch seine Organe der Justiz für ihre Einhaltung eintritt und dazu – wenn notwendig – von seinem Monopol der Gewaltanwendung Gebrauch macht.

Es läßt sich leicht nachweisen, daß eine Vielzahl von solchen sozialen Normen erst im Laufe der Entwicklung die Form eines Gesetzes erhielten, so z. B. im Familien- und Sachenrecht. Ebenso gibt es Beispiele dafür, daß Rechtsnormen im Laufe der Zeit ihren gesetzlichen Charakter verloren, aber in der Form der Sitte noch weiterbestehen, z. B. die Homosexualität bei Erwachsenen.

Der Brauch ist weniger verpflichtend als die Sitte, jedoch ebenfalls weit verbreitet. Analog zu dem Mußverhalten bei den Sitten, umfassen Bräuche das, was durchschnittlich vom einzelnen erwartet werden kann (Sollverhalten).

Bestimmte Handlungen sind vom Brauch her gewünscht, ihre tatsächliche Ausführung wird aber nicht so streng kontrolliert. Während der soziale Druck bei den Sitten oft soziale Ächtung oder bei Gesetzen gerichtliche Strafen nach sich zieht, wird gewöhnlich die Nichteinhaltung eines Brauches weniger formell geahndet, z. B. durch Spott, Hohn und Klatsch.

Die soziale Gewohnheit ist das am wenigsten zwingende Verhaltensmuster. Im Vergleich zum Mußverhalten bei der Sitte und beim Sollverhalten beim Brauch kann man hier von Kannverhalten sprechen. Die soziale Gewohnheit beinhaltet, was sich schickt und was passend ist, was aber nicht unbedingt verpflichtend ist, so z. B. das Grüßen innerhalb der Nachbarschaft.

Natürlich verändern sich diese Handlungsschemata, bzw. Normen, sowohl was ihre Verbreitung wie ihren sozialen Druck und ihren sozialen Wert anbelangt, nicht nur im Verlauf der Zeit von Gesellschaft zu Gesellschaft, sondern sie sind auch regional ebenso wie nach sozialer Schicht verschieden[2].

Die Darstellung der sozialen Kontrolle durch die Begriffe Sitte, Brauch und soziale Gewohnheit kann nur zur ersten Orientierung dienen und reicht auf Grund der Vieldeutigkeit dieser Begriffe für eine genauere soziologische Analyse nicht aus. Nach vorherrschender Ansicht in der Soziologie ist dafür die sogenannte Rollentheorie weitaus besser geeignet.

Unter einer Rolle verstehen wir die an eine Position geknüpfte Verhaltenserwartung. Anders formuliert: Ich spiele die meiner Position entsprechende Rolle.

Was Rolle und Rollenspiel konkret bedeutet, beschreibt Peter L. Berger:

„Eine Rolle kann also definiert werden als eine typisierte Antwort auf eine typisierte Erwartung. Die Gesellschaft hat im wesentlichen die Typologie vorgeschrieben. Um die Sprache des Theaters zu zitieren, aus der der Rollenbegriff entlehnt ist: Textbücher und Rollenauszüge für alle „dramatis personae" hat die Gesellschaft besorgt. Die Spieler brauchen nur in die Rollen hineinzuschlüpfen, die längst, bevor der Vorhang aufgeht, verteilt worden sind. Solange sie spielen, was sie sollen und wie sie sollen, nimmt das Drama der Gesellschaft seinen vorgesehenen Lauf.

Zugleich aber ist die Rolle das Modell, nach welchem sich die Person in ihrer Situation zu richten hat. In der Gesellschaft wie im Theater sind die Regieanweisungen für die Spieler verschieden genau festgelegt. Bei Berufsrollen ist es zum Beispiel klar, daß der Straßenkehrer kein besonders detailliertes Rollen-Vorbild braucht, während Arzt, Lehrer und Offizier sich bis in Sprache und Motorik hinein recht eingehend in Manieren einleben müssen, die bei Lichte besehen höchst stilisiert und manieriert sind: militärische Haltung, salbungsvolle Reden, frisch-fröhliche Späßchen am Krankenbett usw. Wenn man Rolle jedoch lediglich als regulative Schablone für äußerlich sichtbare Aktivität auffaßt, so übersieht man einen ihrer wesentlichen

---

[2] Wössner, J.: Soziologie. Wien 1970, S. 47 f.

Aspekte ... Zu Rollen gehören eben nicht nur bestimmte Handlungen, sondern auch das entsprechende Gefühl und die innere Verfassung. Ein Professor, der weise auf dem Katheder sein soll, fühlt sich allmählich auch weise. Der Prediger auf der Kanzel glaubt schließlich an das, was er sagt. Der Soldat entdeckt kriegerische Gefühle in seiner Brust, wenn er die Uniform anzieht. Gefühl und Einstellung mögen zwar allemal schon vorhanden gewesen sein, bevor die Rolle angelegt wurde. Aber unbedingt verstärkt sie, was vorher da war. In vielen Fällen spricht sogar alles dafür, daß dem Rollenspiel im Bewußtsein des Akteurs gar nichts vorausgegangen ist. So wird man denn also wohl weise, wenn man Professor wird, gläubig, wenn man etwas tun muß, was Glauben voraussetzt, kriegerisch, wenn man in einer Kampfformation marschiert[3].

Zum Rollenbegriff gehören drei Merkmale. 1. Die soziale Rolle ist wie die Position von dem jeweiligen Träger abhebbar. 2. Der Inhalt der Rolle wird nicht von einem einzelnen Menschen, sondern von der Gesellschaft bestimmt und verändert. 3. Die Erfüllung der Rollenerwartung wird durch die Gesellschaft oder durch die jeweilige Gruppe überwacht.

Da mit dem Spielen einer Rolle unterschiedliche Rollenbeziehungen entstehen, die zugleich Ausschnitte ein und derselben Rolle darstellen, spricht man in der Soziologie von Rollensegmenten. So besitzt z. B. die Rolle Lehrer die Segmente: Lehrerverhalten gegenüber dem Schüler, den Eltern, dem Direktor.

Infolge der starken Differenzierung unserer Industriegesellschaft haben sich mit den Rollen auch die dazugehörigen Rollensegmente für jeden Menschen vermehrt. Die Folge davon ist, daß der Mensch einem ständigen Rollenwechsel unterliegt und damit auch die Möglichkeit des Rollenkonflikts größer wird. (Siehe folgendes Kapitel!)

Fassen wir das bisher Behandelte zusammen und versuchen wir eine Antwort auf die Frage zu geben, warum sich die Menschen sozialen Rollen unterwerfen, so lassen sich folgende Gründe dafür angeben:

1. Die Menschen werden dazu im Rahmen des Erziehungs- bzw. Sozialisationsprozesses angehalten.
2. Bei Nichteinhaltung sind negative Sanktionen zu erwarten.
3. Der Mensch sieht ihre Zweckmäßigkeit und Notwendigkeit ein.
4. Der Mensch bejaht bewußt die dahinter stehenden Werte.

Als nächstes müssen wir uns mit dem Vorgang beschäftigen, durch den die Menschen ihr Rollenspiel erlernen, um damit Teilhaber ihrer sozio-kulturellen Umwelt zu werden. Diesen Vorgang nennen wir Sozialisation; er deckt sich nur zum Teil mit dem, was wir allgemein als Erziehung bezeichnen. Man versteht darunter einen Prozeß, durch welchen vor allem den Kindern und Jugendlichen die in einer Gesellschaft herrschenden Werte, Normen und Techniken vermittelt und verbindlich gemacht werden[4].

Während die meisten Säugetiere so gut wie fertig auf die Welt kommen, könnte der Mensch ohne Hilfe von Erwachsenen nur ganz wenige Stunden am Leben bleiben. Die Erwachsenen leisten aber nicht nur eine unmittelbare physische Hilfe, im Sinne einer biologischen Aufzucht, sondern sie üben auch planmäßige Pflege, die ihnen selbst als ein Traditionsbestandteil einmal mitgeteilt worden ist. So wird die Beschäftigung der Erwachsenen mit dem Kind zu einem Transfer der Kultur aus der Vergangenheit über die Gegenwart in die Zukunft.

---

[3] Berger, P. L.: Einladung zur Soziologie. Olten 1969, S. 107/08.
[4] Neidhardt, R.: in „Deutsche Gesellschaft im Wandel", Bd. 2, Opladen 1970, S. 69.

Aus diesem Grunde hat man gesagt, daß die physische Geburt des Menschen bei weitem nicht das Entscheidende ist, sondern erst seine „zweite Geburt" als sozio-kulturelle Person[5].

Es ist üblich, den Sozialisationsprozeß in eine primäre und eine sekundäre Phase einzuteilen, die zeitlich nicht exakt voneinander abgrenzbar sind. Während die primäre Sozialisation nur auf relativ wenige Jahre beschränkt ist, erstreckt sich die sekundäre bis zum Lebensende.

Wissenschaftliche Untersuchungen haben erbracht, daß in der ersten Phase die für das Leben entscheidende Weichenstellung stattfindet. Ein wichtiger Faktor für diese Entwicklung ist die Atmosphäre, in der das Kind aufwächst. Man spricht vom Urvertrauen, das in erster Linie von der Mutter abhängt. Ein weiteres Merkmal ist die Sprache des Elternhauses; dies betrifft nicht nur die Wortwahl, sondern auch ihren Verwendungszusammenhang, z. B. in dem Sinne, ob Gebote oder Verbote begründet oder ohne Erklärung dem Kinde aufgezwungen werden. Große Bedeutung kommt dem kindlichen Spiel zu. Es hilft ihm, seine Umwelt in sich aufzunehmen. Das Kind versetzt sich in andere Rollen und verinnerlicht so die Verhaltensmuster seiner Umwelt.

Ein wichtiger Punkt im Laufe des Sozialisationsprozesses ist der Wechsel vom frühkindlichen Training zu der Phase, die man als Internalisierung oder Verinnerlichung bezeichnet. Der äußere Druck der sozialen Kontrolle bleibt bestehen, hinzu kommt jedoch ein Wertmaßstab und damit auch ein Zwang, der dadurch entsteht, daß der Mensch sich im fortgeschrittenen Alter bestimmte Normen und Werte zu eigen macht, sie verinnerlicht und daher eine Kontrolle von innen her ausgeübt wird. Wichtig erscheint für uns die Tatsache, daß der Mensch besonders in einer mobilen Gesellschaft mehrere Prozesse der Internalisierung durchlebt und dadurch auch innere Konflikte zu bestehen hat, die besonders beim heranwachsenden Menschen sehr heftig verlaufen können, da seine neu erworbenen Wertvorstellungen nicht immer mit denen des Elternhauses übereinstimmen.

Die Frage stellt sich, woher der Wertmaßstab für die Beurteilung des Verhaltens in der Gesellschaft genommen wird. Die Soziologen bezeichnen die Gruppen, die zur Wert- und Normorientierung gewählt werden, als Bezugsgruppen. Anders formuliert: Der einzelne orientiert häufig sein Verhalten an der Zustimmung und Ablehnung bestimmter Gruppen, denen er in der Regel nicht zugehört.

Manchmal übernehmen untere Schichten das Verhalten der über ihnen liegenden Schicht als Richtschnur, und es entstehen Verzerrungen (Bild des Parvenus), weil die Menschen einer Schicht nicht immer genügend Information über eine andere besitzen. Der mittelalterliche Dichter Wernher der Gartenaere (Meier Helmbrecht) und der französische Dramatiker der Barockzeit Molière (Le bourgeois gentilhomme/Der Bürger als Edelmann) beschreiben solche Fehlleistungen. Das Offizierskorps in Preußen setzte z. B. für einen großen Teil der deutschen Gesellschaft den Wert- und Verhaltensmaßstab. Das erstreckte sich von den rein äußerlichen Merkmalen wie Kleidung, Gestik, Mimik über Anstandsregeln bis zu den Wertvorstellungen Tugend, Ehre usw.

Für unsere hochdifferenzierte Gesellschaft lassen sich solche allgemeingültigen Bezugsgruppen kaum mehr finden. Nur in eng begrenzten Systemen (Subkulturen) treten sie auf, z. B. in Jugend- oder Berufsgruppen, wo sie eine eigene Welt der Normen und Werte schaffen, die zum Teil im Gegensatz zu den Normen der übrigen Gesellschaft steht.

---

[5] König, R.: Soziologische Orientierungen. Köln 1965, S. 46 f.

Betrachtet man die Art der Werbung in den Massenmedien, dann erscheint auch heute noch ein Teil der Oberschicht als Bezugs- oder Zielgruppe im Sinne des Prestiges für eine große Zahl der Bevölkerung richtungweisend[6].

Kontrollfragen

1. Inwiefern setzt menschliches Zusammenleben feste Verhaltensschemata voraus? – 2. Unterscheiden Sie verschiedene Arten von sozialen Normen! Welche Motive führen zu ihrer Einhaltung? – 3. Erläutern Sie die Rollentheorie! – 4. Was versteht der Soziologe unter Rollensegment? – 5. Beschreiben Sie den Prozeß der Sozialisation! – 6. Erklären Sie den Begriff der Internalisierung! – 7. Welche Funktion hat die Bezugsgruppe in einer Gesellschaft?

Arbeitsvorschläge

1. Suchen Sie aus Ihren Geschichtsbüchern Beispiele für gesellschaftliche Zwänge!
2. Liefern Sie einen Bericht über das Leben einer Frau in der Bundesrepublik (im Vergleich zur indischen Frau)!

Auszug aus den Verordnungen des Rates der Stadt Kiel aus dem 15. Jahrhundert:

a) Kleiderordnung (Kiel – 1417)
„Keine Frau darf gekrauste Tücher tragen und nicht mehr als zwei Mäntel haben, die mit Pelzwerk gefüttert sind, und darf auch keinerlei Geschmeide mit teurem Gestein und Perlen an allen ihren Kleidern tragen, wenn ihr Mann an die Stadt nicht mindestens 400 Mark Silber zu versteuern hat. Wenn eine Frau dessen überführt wird, so soll das der Stadt mit 10 Mark Silber gebessert werden. Dieselbe Strafe trifft den Übertreter der weiteren Bestimmungen:
Wenn der Mann der Stadt für mindestens 200 Mark Steuern zahlt, so darf seine Frau eine lötige (rein, ungemischt) Mark Silber an allen ihren Kleidern tragen. Die Jungfrauen sollen es in derselben Weise halten ...
Wenn er Mann der Stadt zwar Steuern zahlt, aber nicht für 100 Mark, so darf seine Frau keinerlei Geschmeide tragen. Insbesondere darf keine Bürgersfrau Pelzwerk oder Seide unten an ihren Kleidern tragen ...
Insbesondere wird befohlen, daß keine Dienstmagd oder Dienstbotin Spangen, Scharlachtuch oder irgendwelches vergoldetes Geschmeide trägt, welches mehr als 8 Schillinge wert ist. Wer dagegen verstößt, soll des Geschmeides sofort verlustig gehen und sein Dienstherr oder seine Dienstherrin sollen 3 Mark Silber Strafe zahlen oder den Dienstboten innerhalb von 3 Tagen aus dem Brote jagen. ..."

Entnommen: Bolte, K. M.: Deutsche Gesellschaft im Wandel. Opladen 1966, S. 237.

Schilderung der Situation einer jungen verheirateten indischen Frau, die in einem noch nicht von der Industrialisierung erfaßten Ort lebt.

Seit zwei Jahren ist die 20jährige Homai mit dem zweiten Sohn des Hauses verheiratet. Auch sie gehört diesem Haus nun zu. Es beherbergt eine große Familie; nicht nur die Schwiegereltern und die Familien ihrer Schwäger leben hier, sondern auch die Großeltern ihres Mannes. Nur langsam ist sie in diesen Kreis hineingewachsen. Sie ist den Befehlen der älteren Frauen und der Männer ganz und gar unterstellt. Nie hat sie protestiert, da sie weiß, daß das Los jeder jungen Frau in der Familie ihres Mannes immer so war wie ihr eigenes. Mit der Zeit verbesserte sich ihre Stellung. Durfte sie am Anfang zum Beispiel nur nach den anderen Frauen essen, konnte sie nach einer bestimmten Zeit bei den Mahl-

[6] Vgl. Emge, M.: Fremde Gruppen als Bezugsgruppen. In Kölner Zeitschrift für Soziologie und Sozialpsychologie, 19. Jg. 1967, S. 246 f.

zeiten mit ihnen zusammensitzen, ohne sie jedoch ansehen und ansprechen zu dürfen. Aber auch das wird ihr eines Tages erlaubt sein. Und wenn sie erst einmal einen Sohn geboren hat, wird man ihr gestatten, Gespräche mit ihrem Mann auch in Gegenwart älterer Familienmitglieder zu führen. Den Schleier wird sie dabei aber vor dem Vater und den Brüdern ihres Mannes niemals ablegen.

Jeder neue Tag beginnt für Homai damit, daß sie sich anderen Hindufrauen anschließt und mit ihnen an den Fluß zieht, um nach altem religiösem Ritus durch ein Bad Körper und Seele zu reinigen und vor den Götterbildern Gebet und Opfer zu verrichten. Auf dem Rückweg verweilt sie mit Frauen gleicher Familienstellung und gleicher Kaste auf dem Markt, den sie später am Tage noch einmal aufsucht, um vom Brunnen Wasser zu holen oder Einkäufe an den kleinen Ständen der Bauern und Handwerker zu machen, die jeden Tag Früchte und Geräte zum Kauf ausstellen.

Sie kennt die meisten Menschen, denen sie im Laufe des Tages begegnet, recht gut, weiß ihre Stellung und deshalb auch die Art, mit ihnen nach bestimmten vorgegebenen Regeln umzugehen.

Entnommen: Ohrt, L.: Die gesellschaftliche Einordnung des Menschen. Aus Struktur u. Wandel der Gesellschaft, Reihe B, Heft 1 a/b, Opladen, S. 2.

1.2.2. Problematisierung

I. Teil

„Alle einzelnen Daten der menschlichen Gesellschaft führen uns zurück auf ihren gemeinsamen Grund, die Tatsache der Gesellschaft selbst. Der Mensch ist ein gesellschaftliches Wesen. Indem er seiner Natur nach in Gesellschaft lebt, kann er nur durch die Gesellschaft sich selbst verwirklichen. Die soziale Existenz des Menschen ist Bedingung der Möglichkeit seiner Freiheit. Zugleich aber ist seine soziale Existenz die Bedingung der Möglichkeit der Unfreiheit des Menschen, denn Gesellschaft heißt immer schon Zwang und Beschränkung. Der Akt der Vergesellschaftung – wenn er in mißverständlichem Reden einmal so beschrieben werden darf – ist notwendig ein Akt der Unterwerfung unter Spielregeln, Normen und Kontrollen. ‚Der Mensch', sagt Kant in einer, wie mir scheint, überzeugenden These, ‚hat eine Neigung sich zu vergesellschaften: weil er in einem solchen Zustande sich mehr als Mensch, d. i. die Entwicklung seiner Naturanlagen, fühlt. Er hat aber auch einen großen Hang, sich zu vereinzeln (isolieren): weil er in sich zugleich die ungesellige Eigenschaft antrifft, alles bloß nach seinem Sinne richten zu wollen, und daher allerwärts Widerstand erwartet, so wie er von sich selbst weiß, daß er seinerseits zum Widerstand gegen andere geneigt ist.' Gesellschaft ist der Kampf der Freiheit mit sich selbst."

Dahrendorf, R.: Gesellschaft und Freiheit. München 1961, S. 402/03.

Aufgabe zu Teil I

Erarbeiten Sie aus dem obigen Text den ambivalenten Charakter der gesellschaftlichen Freiheit!

II. Teil

In den fünfziger Jahren hat ein Buch des Amerikaners David Riesman großes Aufsehen erregt. Riesman beschreibt darin drei Typen gesellschaftlicher Verhaltensformen: den traditionsgeleiteten, den innengeleiteten und den außengeleiteten Menschen. Wir schließen den traditionsgeleiteten einmal aus, da er vornehmlich für eine frühere Gesellschaftsepoche zutrifft. Von einem innengeleiteten Typ sprechen wir, wenn der Mensch durch persönliche, verinnerlichte Werthaltungen gegenüber dem Wechsel der gesellschaftlichen Situation relativ unabhängig ist. Riesman vergleicht ihn mit jemandem, in dessen Innerem ein Kreiselkompaß eingebaut ist, der unabhängig von außen immer die richtige Richtung anzeigt. In der außengelenkten Gesellschaft dagegen wird die öffentliche Meinung, z. B. die Information der Massenmedien, zum entscheidenden Maßstab, mit dem der einzelne seine Handlungen mißt und bewertet. Als Symbol für diesen Typ verwendet Riesman das Radarsystem; das bedeutet: der einzelne richtet sich jeweils nach den Signalen, die von außen auf ihn zukommen.

Der außengeleitete Typ, der nach seiner Meinung in den USA vorherrscht und den wir auch zum großen Teil in unserer Industriegesellschaft wiederfinden, ist in Lebenshaltung und Lebensvorstellung weitgehend von außen gelenkt und verfügt im Unterschied zum innengeleiteten über eine weit geringere Autonomie und Eigenständigkeit. Er ist der sich überall anpassende, immer konform handelnde Mensch, dessen dominante Reaktionform der Haltung eines Konsumenten entspricht. In seiner Einleitung weist Riesman nach, daß eine solche Haltung Auswirkungen auf alle kulturellen Bereiche hat, so z. B. auf die Stellung zur Freizeit, zur Kindererziehung, auf die Rolle von Mann und Frau. Gravierend für die Gesellschaft ist besonders der Einfluß im politischen Bereich; denn auch hier hält der außengeleitete Mensch seine angepaßte Konsumentenhaltung aufrecht.

Riesman, D.: Die einsame Masse, Hamburg 1960.

Aufgaben zu Teil II

Nehmen Sie Stellung zu den folgenden kritischen Äußerungen und Fragen Dahrendorfs über den von Riesman beschriebenen Typ des außengeleiteten Menschen:
1. Wie ergeht es der Freiheit in einer Gesellschaft, in der das Sozialverhalten der Mehrzahl sich als außengeleitet bezeichnen läßt?
2. Das Schlimmste am außengeleiteten Charakter ist nicht nur, daß er die Bereitschaft zu hören und sich leiten zu lassen internalisiert hat, sondern daß er eine institutionalisierte Entfremdung des menschlichen Individuums ist.

Dahrendorf, R.: Demokratie ohne Freiheit – Versuch über die Politik des außengeleiteten Menschen. Aus Gesellschaft und Freiheit, a. a. S. 321 f.

III. Teil

a) Aus Helmuth Plessner: Diesseits der Utopie, der Aufsatz ‚Soziale Rolle und menschliche Natur'.

Eine Gesellschaft hat immer ein Normensystem als Halt ihres Gefüges und ist darauf eingespielt. Um die Gefügtheit zu begreifen, muß man das Zusammenspiel der Individuen unter dem Normenbegriff in den Griff bekommen.

Hierfür bietet der Begriff der sozialen Rolle besondere Vorteile. Er bezeichnet das Gelenk, mit welchem ein Individuum gesellschaftlich relevante Bewegungen ausführt.

Konzentriert sich die Forschung darauf und beginnt sie an der Nahtstelle, in welcher der einzelne Mensch und das gesellschaftliche Feld einander begegnen, Person und unpersönliches Beziehungssystem sich miteinander vermischen, in der jeweiligen Rolle, die die Person gesellschaftlich zu spielen hat, so sichert sich die Forschung zweierlei. Sie überwindet, besser gesagt, sie klammert den unfruchtbaren Gegensatz zwischen dem einzelnen und seinem sozialen Wirkungsfeld aus. Und sie vermeidet Spekulationen darüber, wie das Ganze sich aus der Summe seiner Teile gebildet haben mag ... Daher billigt man unter dem Begriff der Rolle dem Menschen einen Abstand von seiner gesellschaftlichen Existenz zu, der etwas Tröstliches haben kann: der Mensch, der einzelne, ist nie ganz das, was er „ist". Als Angestellter oder Arzt, Politiker oder Kaufmann, als Ehemann oder Junggeselle, als Angehöriger seiner Generation und seines Volkes ist er doch immer „mehr" als das, eine Möglichkeit, die sich in solchen Daseinsweisen nicht erschöpft und darin nicht aufgeht. Gerade die weite Spannung des Rollenbegriffs, die den ascribed status und den achieved status umfaßt, also das, was einer durch Geburt und Umstände im sozialen Feld ist und das, was er aus sich macht, ermöglicht das Reservat eines Individuum

ineffabile einer sozialen Unberührtheit, einer Zone der Privatheit, der Intimität, der persönlichen Freiheit. Insoweit gewährt der Rollenbegriff Achtung vor dem einzelnen als dem einzelnen und schirmt ihn gegen sein öffentliches Wesen ab...
So stützt sich der funktionelle doch auf den anthropologischen Rollenbegriff, der das Verhältnis des Rollenträgers zu seiner Rolle im Auge hat und damit das Doppelgängertum des privaten und öffentlichen Menschen als seine Voraussetzung festhält. Dieses Doppelgängertum erläutert sich, da Rolle hier als Maske verstanden wird, am Spiel des Schauspielers. „Rolle" und „Spiel" sind nicht mehr als Bezeichnungen für den funktionellen Beitrag zu einem Wirkungszusammenhang verwandt, sondern als Formen des Verhaltens, welche die Gesellschaft dem Menschen zumutet. Er schlüpft in diese Rolle und hat dafür zu sorgen, daß er sie gut spielt. Wer aus der Rolle fällt und zum Spielverderber wird, stört die Gesellschaft und macht sich in ihr unmöglich, in den niedersten wie in den höchsten Rängen...
Nichts ist der Mensch „als" Mensch von sich aus, wenn er, wie in den Gesellschaften modernen Gepräges, fähig und willens ist, diese Rolle und damit die Rolle des Mitmenschen zu spielen: nicht blutgebunden, nicht traditionsgebunden, nicht einmal von Natur frei. Er ist nur, wozu er sich macht und versteht. Als seine Möglichkeit gibt er sich erst sein Wesen kraft der Verdopplung in einer Rollenfigur, mit der er sich zu identifizieren versucht. Diese mögliche Identifikation eines jeden mit etwas, das keiner von sich aus ist, bewährt sich als die einzige Konstante in dem Grundverhältnis von sozialer Rolle und menschlicher Natur.

Helmut Plessner, Soziale Rolle und menschliche Natur. Aus Diesseits der Utopie, Düsseldorf/Köln 1966, S. 23 f.

b) Aus Alexander Mitscherlich: „Auf dem Weg zur vaterlosen Gesellschaft"

Die Unschärfe menschlichen Rollenverhaltens wird sich in unseren Bemühungen widerspiegeln. Man könnte die überspitzte Formulierung benützen: je rollensicherer, desto unmenschlicher, subhumaner; je deutlicher als Mensch, desto begrenzter als Exekutor einer Rolle zu fassen. Aber auch diese Alternative ist zu verführerisch, um die Problematik genau zu treffen. Denn auch die humane Freiheit, kritische, rationale Distanz gewinnen zu können, ist nicht absolut frei. Sie muß diese Leistung aus dem Standort irgendeiner Rolle her vollbringen. Ichreifung setzt Anpassung voraus...
Gäbe es die bewußte Orientierung als Möglichkeit nicht und wäre sie keine Forderung, die aus der Entwicklung des Lebens selbst gestellt würde, dann wäre die menschliche Gesellschaft nicht, was sie ist. So aber läßt individuelles Leben, das in Rollenhaftigkeit erstarrt, eine Kommunikationslücke. Ein sehr eindringliches Beispiel, das dies besser als eine abstrakte Darstellung fühlbar machen kann, sind die Gespräche zwischen Erwachsenen und Kindern.
Das Kind ist noch nicht mit den Rollen der Gesellschaft vertraut, es ist schon deswegen viel individueller als die es umgebenden Erwachsenen. Die Art, wie diese sich nun zu ihm herunterbeugen und mit ihm sprechen, zeugt oft von einem erschütternden Mangel an Einfühlungsvermögen. Sie projizieren ein Rollenbild des Kindes – wie es die Gesellschaft übermittelt – auf das vor ihnen stehende Wesen. Der gekünstelte Tonfall, die zur Schau getragene Affektiertheit, die falsche Verständnisinnigkeit mit den Interessen des Kindes, mit seiner Spielwelt – all das soll die faktische Unfähigkeit der Kommunikation überspielen. Und noch der verständnislose, ablehnende Blick des Kindes wird mißdeutet. Zugleich ist das Kind, das die sozialen Formen lernen muß, um die Verständigungsdistanz zwischen sich und der Umwelt zu überbrücken, auf diese Vorbilder angewiesen. Es muß sich mit ihnen identifizieren und verliert dabei mehr und mehr seine Suchfreiheit...
In kurzer Zusammenfassung heißt das: die Rolle ist eine Funktionsgestalt des Verhaltens anderen gegenüber. Jede Rolle ist ein Stück Maske, ein Vorgeformtes, das sich der einzelne (aktiv) assimiliert oder dem er sich (passiv) anpaßt. Behält man das Bild der Maske noch einen Augenblick bei, dann sind es zwei Situationen, in denen sie fallen kann. Einmal im Augenblick des Überwältigtseins – zum anderen, wenn das individuelle Gewissen und die individuellen Ichleistungen, das kritische Selbstbewußtsein also, in einer Konfliktsituation den Menschen zwingen, hinter der Maske hervorzutreten und auf eine Situation

spontan, improvisierend, überlegen oder überlegt – jedenfalls aber nicht stereotyp und routiniert zu antworten. Im ersten Fall schwinden jene Kontrollkräfte (die wir dem Ich zusprechen müssen), und bisher Abgewehrtes verwirrt die Rollenschematik; im zweiten Fall jedoch ist es die Konzentration der Ichleistungen, durch die es gelingt, die vorbewußten und unbewußten Reiz-Reaktionsschemata, im Werten wie im Handeln, zu verändern ...

In den benützten Rollenschemata pflegen jene Werturteile, Vorurteile enthalten zu sein, die das Ich braucht, um den „inneren Schweinehund" niederzuhalten, wie die Soldatensprache mit dem ganzen Abscheu des funktionierenden Rollenmenschen formuliert. Aber das Ich erschöpft sich in der Stabilisierung solchen zwanghaften Rollenspiels. Verhaltenszwänge (auch wenn sie nach innen gerichtet sind wie Denk- und Phantasiezwänge) sind Extreme und Karikaturen der Rollentreue, in der es gelingt, innere Triebregungen sowohl abzuwehren als auch zu befriedigen. Die Erstellung davon ist die Funktionseinheit von Angst und Wiederholungszwang; sie ist zwar das innerste Motivationsgeschehen jeder Rolle, aber auch der ungezählten pathologischen Zwangszüge, denen man im täglichen Leben begegnet bis hin zur eigentlichen Zwangskrankheit.

Mitscherlich, A.: Auf dem Weg zur vaterlosen Gesellschaft. München 1963, S. 77, 83, 89 f.

c) „Das Rollenmodell kann immer nur beschreibend verwendet werden. Es bewegt sich auf der Oberfläche, kann Herrschaftsverhältnisse nie erklären und tendiert dazu, sie als ahistorische vorzugeben. Im Zusammenhang mit der sozial-strukturellen Theorie [Diese Richtung wird auch als Funktionalismus bezeichnet.] dient es dazu, Herrschaftspositionen zu legitimieren. In dieser Theorie erscheint die kapitalistische Gesellschaft als Leistungsgesellschaft in einem Rollenspiel, in dem die Verteilung von Machtpositionen Folge individueller Fähigkeiten ist und nicht Folge des Besitzes oder Nichtbesitzes von Produktionsmitteln."

Gottschalch u. a.: Sozialisationsforschung. Frankfurt/M. 1971, S. 45.

d) Aus der Einführung des Buches „Wege zur veränderten Gesellschaft" von Hendrik Bussiek.

Jeder Mensch ist heute gezwungen, Rollen zu spielen; die Rollentheorie nach Ralf Dahrendorf wird als exakte Weltbeschreibung anerkannt. Der Mensch ist also aufgespalten in verschiedene Teilfunktionen: er hat seine Berufsrolle, seine Familienrolle, seine Bürgerrolle, seine Straßenverkehrsteilnehmerrolle usw. Wir selber betrachten unser Gegenüber zumeist nur in seinem Rollenverhalten, wir beurteilen ihn nicht als ganzheitliche Person, sondern danach, ob er unseren Rollenerwartungen gerecht wird. Ein Mensch, der vollkommen spontan seinen Regungen nachkommt, paßt nicht in unsere Leistungserwartungen: ein Arbeiter, der morgens keine Lust hat, schon um 6 Uhr aufzustehen, der lieber weiterschlafen oder erst seine Frau lieben möchte und zu einer von ihm selbst bestimmten Zeit in den Betrieb kommt, paßt nicht in diese Welt; er kommt seinen Rollenverpflichtungen als Arbeiter nicht nach: die Arbeitskraft, das Ding Fritz Müller, wird dann entlassen. Die ganzheitliche Betrachtung des Menschen, die auch die echten Bedürfnisse mit einschließt, steht im konträren Gegensatz zur partialisierten, arbeitsteiligen Leistungsgesellschaft.

Bussiek, H. Hrsg.: Wege zur veränderten Gesellschaft. Fischer Taschenbuch Verlag Nr. 1205, Frankfurt/M. 1971, S. 10.

Aufgaben zu Teil III

1. Erarbeiten Sie aus den zusammengestellten Texten die unterschiedlichen Auffassungen über den Begriff der sozialen Rolle! – 2. Wie stehen Sie zu der These, daß von der Übernahme eines bestimmten Rollenbegriffes oder von der Kritik an der gesamten Rollentheorie gesellschaftliche oder politische Einflüsse ausgehen können? – 3. Versuchen Sie in dieser Auseinandersetzung einen eigenen Standpunkt zu beziehen und möglichst zu begründen!

IV. Teil

Aus Gottschalch, Neumann-Schönwetter, Soukup: Sozialisationsforschung:

Im Hinblick auf das westdeutsche Gesellschaftssystem interessieren uns vor allem die klassen- und schichtspezifischen Unterschiede der Sozialisationsprozesse. Die gegenwärtig intensive Beschäftigung mit Problemen der kompensatorischen Erziehung hat schichtgefische Unterschiede in den Persönlichkeitsstrukturen aufgezeigt, die weitgehend aus primären Sozialisationsprozessen resultieren. Diese Unterschiede können jeweils als die Ausbildung der zum Überleben in einer Klasse notwendigen Fähigkeiten interpretiert werden und müssen im Zusammenhang mit der Zugehörigkeit der Eltern zu einer durch Klasse und Schicht bestimmten Lebenswelt gesehen werden. Die Intensivierung dieser Forschungen ist allerdings nicht auf ein emanzipatorisches Interesse zurückzuführen, sondern primär auf den Zwang zur Kapitalakkumulation. Dieser erfordert eine nachdrückliche Verbesserung unseres Bildungssystems. Daher beschränkt sich das Erkenntnisinteresse auch vorwiegend auf das Problem, wie genügend leistungsfähige Arbeiter und Techniker dem Arbeitsmarkt zur Verfügung gestellt werden können. Soweit den schichtspezifischen Besonderheiten des Sozialisationsprozesses nachgegangen wird, begnügt man sich mit deskriptiven Arbeiten, die eigentlich darauf verzichten, die Sozialisationsvorgänge aus den Widersprüchen des materiellen Lebens, aus dem antagonistischen Charakter unserer Klassengesellschaft zu erklären.

Gottschalch, Neumann-Schönwetter, Soukup: Sozialisationsforschung. Frankfurt 1971, S. 20/21.

Aufgaben zu Teil IV

1. Nehmen Sie Stellung zu der Behauptung: Das Problem des Generationskonfliktes ist nur ein Problem der Sozialisation! – 2. Welchen Einfluß hat nach Ihrer Ansicht die Art der Sozialisation auf die Auseinandersetzung um eine gerechte und repressionsarme Gesellschaft? – 3. Wie stehen Sie zu der im obigen Text geäußerten Kritik an der Sozialisation?

1.3. Die moderne Industriegesellschaft ist eine Gesellschaft der sozialen Konflikte

1.3.1. Hinführung

Das Wort sozialer Konflikt löst bei den Menschen unterschiedliche Reaktionen aus. Die einen stellen sich unter Konflikt nur Gewaltsamkeit, Krieg, Revolution, Haß usw. vor und lehnen die Erörterung darüber ab, ob ein sozialer Konflikt auch positive Auswirkungen haben könnte.
Die anderen räumen ein, daß es in der Geschichte der Menschheit zwar immer Konflikte gegeben habe, glauben aber an die Möglichkeit, für die Zukunft eine konfliktfreie Gesellschaft aufbauen zu können.
Eine dritte Gruppe sieht in dem sozialen Konflikt nicht nur einen selbstverständlichen Vorgang, sondern auch ein konstitutives Element der ‚freien Gesellschaft'.

1.3.2. Information

Die Beschäftigung mit dem sozialen Konflikt verlangt eine Abgrenzung des Begriffes. Ausgeschlossen werden damit Konflikte und Spannungen, die aus ungeklärtem Aggressionstrieb,

d. h. ohne das Vorhandensein eines Konfliktgegenstandes entstehen. In der Literatur werden sie auch als unechte Konflikte bezeichnet im Unterschied zu den echten, bei denen ein erkennbarer Konfliktstoff besteht und daher auch die Möglichkeit der Institutionalisierung und der Regelung des Konfliktes.

Für den Soziologen ist der Konflikt eine unter vielen Formen der sozialen Interaktion. Soziale Konflikte können auf unterschiedlichen Ebenen auftreten; sie reichen vom Rollenkonflikt über Konflikte zwischen Gruppen und Institutionen bis zum Konflikt ganzer Völker und Rassen. Den Versuch, diese Vielfalt in einem Schema zusammenzufassen, unternimmt Dahrendorf in der hier angeführten Tabelle.

Soziale Einheit	Rang der Beteiligten		
	1. Gleicher kontra Gleichen	2. Übergeordneter kontra Untergeordneten	3. Ganzes kontra Teil
A. Rollen	Patienten k. Kassen (in Arztrolle) Familienrolle k. Berufsrolle	Herkunftsfamilie k. eigene Familie (als Rollen) Berufsrolle k. Vereinsrolle	Sozialpersönlichk. k. Familienrolle Soldatenrolle k. Gehorsamsverpflichtung
B. Gruppen	Fußballabt. k. Leichtathletikabt. (i. Sportklub) Jungen k. Mädchen (i. Schulklasse)	Vorstand k. Mitglieder (i. Verein) Vater k. Kinder (i. Familie)	Altbelegschaft k. Neuling (i. Betriebsabt.) Familie k. (verlorenen Sohn)
C. Sektoren	Firma A k. Firma B Luftwaffe k. Heer	Unternehmerverbände k. Gewerkschaften Monopolist k. Außenseiter	Kath. Kirche k. (Altkatholiken) Bayern k. (Zugereiste)
D. Gesellschaften	Protestanten k. Katholiken Flamen k. Wallonen	Regierungspartei k. Opposition Freie k. Sklaven	Staat k. kriminelle Bande Staat k. ethnische Minderheit
E. Übergesellschaftliche Verbindungen	Westen k. Osten Indien k. Pakistan	Sowjetunion k. Ungarn Deutschland k. Polen	UN k. Kongo OEEC k. Frankreich

Entnommen aus Dahrendorf: Gesellschaft und Freiheit. A. a. O., S. 206.

Ein Rollenkonflikt kann dadurch auftreten, daß eine Person in einer bestimmten Situation eine oder mehrere Rollen zu spielen hat. Ein anschauliches Beispiel dafür ist der Lehrer, der seinen eigenen Sohn in der Klasse unterrichten muß, wobei es dann zu einem Konflikt zwischen zwei Rollen, Vater und Lehrer, kommen kann. Diese Form des Konfliktes nennt der Soziologe einen Interrollenkonflikt.

Ebenso kann ein Konflikt innerhalb einer Rolle entstehen (Intrarollenkonflikt), da jede Rolle meist mehr als eine Erwartung an den Rollenträger stellt. Ein Beispiel soll dies verdeutlichen. Vom Arzt verlangt der Patient die beste Betreuung, die Krankenkassen die Beachtung ihrer Richtlinien. Wir können uns leicht den Fall vorstellen, daß der Arzt durch die Berücksichtigung beider Erwartungen in Konflikt gerät.

Generell ist festzuhalten, daß in der modernen Gesellschaft die Zahl der Rollen zunimmt. Damit erweitert sich einerseits der „Spielraum" des einzelnen, andererseits wächst auch zugleich die Möglichkeit des Rollenkonfliktes.

Ähnliches läßt sich allgemein auch vom Gruppenkonflikt sagen. Auch hier wachsen mit der Zahl der Gruppen sowohl der Spielraum als auch die Konfliktmöglichkeiten. Diese können innerhalb der einzelnen Gruppe gegeben sein, z. B. die Rolle des outsiders, der sich nicht nach den Gruppennormen richtet, oder sie bestehen zwischen den verschiedenen Gruppen. Für die Binnengruppe gelten folgende, durch empirische Untersuchungen belegte Merkmale:

1. Je stärker die Integration einer Gruppe, desto größer der Konfliktstoff. So sind Konflikte, die in einer Primärgruppe (z. B. Familie) ausbrechen, gewöhnlich stärker als solche in Sekundärgruppen (z. B. Arbeitsgruppen im Betrieb).

2. Ohne die Möglichkeit, Aggressionen loszuwerden und Ablehnungen auszudrücken, könnten sich Gruppenmitglieder vom Ganzen erdrückt fühlen und sich von der Gruppe zurückziehen.

3. Der Konflikt trägt zur Schaffung und Festigung der Gruppenidentität bei und erhält die Grenzen gegenüber anderen Gruppen.

Für jede Form des sozialen Konfliktes gilt die These, daß Konflikte eine vereinheitlichende Wirkung haben, denn sie setzen ein gemeinsames Streitobjekt voraus, bedingen eine gemeinsame Sprache und gemeinsame Normen ihrer Regelung, wodurch das Verhalten des Gegners kalkulierbar wird.

Die Kalkulierbarkeit und daraus folgend die Möglichkeit der Konfliktregelung setzt – wie wir sahen – einen objektivierbaren Konfliktgegenstand voraus. Wo diese Bedingungen nicht gegeben sind, wird der Konflikt oft auf ein anderes Objekt übertragen. Im günstigsten Fall geschieht dies durch Übertragung auf eine Ebene größerer Abstraktion, so wird z. B. aus einem Duell mit Pistolen ein Rededuell.

Latente Spannungen zwischen zwei Völkern werden in der Form sportlicher Wettkämpfe freigesetzt. Solche Wettkämpfe wirken als Ventil, durch das aufgespeicherte Spannungen freigelassen werden. Aus diesem Grund spricht man auch vom System der Ventilsitten.

Im ungünstigsten Fall wird der Konflikt auf einen anderen Menschen oder auf eine andere Gruppe (meist Minoritäten) übertragen, und es tritt das ein, was wir den Sündenbockmechanismus nennen. Ein für uns Deutsche besonders beschämendes Beispiel ist der Antisemitismus während der Herrschaft des Nationalsozialismus.

Neben dieser Form der Konfliktregelung kennen wir noch die des ‚regulativen Dritten'. Die beiden konfligierenden Parteien einigen sich auf einen unabhängigen Dritten, der nach Möglichkeit neue Gesichtspunkte ins Spiel bringt und dadurch einen Kompromiß erreicht, den beide Parteien anerkennen, z. B. das Schlichtungsverfahren in Tarifauseinandersetzungen.

Bei dem Toleranzsystem einigen sich die konfligierenden Parteien auf eine begrenzte Koexistenz, die ihrerseits wieder verschiedene Formen annehmen kann, z. B. bei der Aufteilung von Herrschaft die Anwendung des Proporzsystems. Wie schon angedeutet, geht es bei diesen zuletzt genannten Formen der Konfliktregelung darum, den Konfliktstoff zu objektivieren, um dann durch beiderseitige Anerkennung bestimmter Regelungen den Konflikt zu institutionalisieren.

Die Regelung und Institutionalisierung von Konflikten setzt allerdings bestimmte Bedingungen voraus. Wir meinen damit den grundsätzlichen Konsens über die Regelung als solche bei den konfligierenden Parteien. Durch die Forschungen der vergleichenden Kulturanthropologie ist uns bekannt, daß bereits sogenannte Primitivkulturen solche Regeln in Form einer Ritualisierung kennen. In einer arbeitsteiligen Industriegesellschaft verlaufen die Konflikte anders, und damit sind andere Formen der Regelung notwendig. Am Beispiel des Toleranzsystems wird deutlich, wie wichtig die Rationalisierung des Konfliktstoffes und das Vorverständnis von begrenzter gegenseitiger Achtung und Koexistenz ist.

Natürlich sind mit der institutionalisierten Konfliktregelung auch Nachteile verbunden, die sich als Erstarrung (Versäulung) beider Seiten zeigen (Proporzsystem in der Politik).

Die Vorteile der Konflikte und ihrer Regelungen liegen nach der Ansicht des Soziologen Rüegg[1] darin, daß sie die Machtpositionen klären, die Machthaber und die nach Macht Strebenden zu einer Legitimation ihrer Ziele zwingen und die soziale Isolierung verringern, indem sie neue Zusammenschlüsse hervorbringen; sie können neue Normen und Werte schaffen oder die alten in einen neuen Sinnzusammenhang bringen. Der Konflikt führt somit zu neuen Integrationsformen in dem labilen Gleichgewicht sozialer Subsysteme wie auch des Gesamtsystems. Über die Bildung neuer gesellschaftlicher Integrationsformen – einen Prozeß, den man auch als sozialen Wandel bezeichnet, stellt Dahrendorf folgende Betrachtungen an:

„Es ist meine These, daß die permanente Aufgabe, der Sinn und die Konsequenz sozialer Konflikte darin liegt, den Wandel globaler Gesellschaften und ihrer Teile aufrechtzuerhalten und zu fördern. Wenn man so will, könnte man dies als die ‚Funktion' sozialer Konflikte bezeichnen. Doch wird der Begriff der Funktion dann in einem ganz neutralen Sinne, d. h. ohne jeden Bezug auf ein als gleichgewichtig vorgestelltes ‚System' gebraucht. Die Konsequenzen sozialer Konflikte sind unter dem Aspekt des sozialen Systems nicht zu begreifen; vielmehr werden Konflikte erst dann in ihrer Wirkung und Bedeutung verständlich, wenn wir sie auf den historischen Prozeß menschlicher Gesellschaften beziehen. Als ein Faktor im allgegenwärtigen Prozeß des sozialen Wandels sind Konflikte zutiefst notwendig. Wo sie fehlen, auch unterdrückt oder scheinbar gelöst werden, wird der Wandel verlangsamt und aufgehalten. Wo Konflikte anerkannt und geregelt werden, bleibt der Prozeß des Wandels als allmähliche Entwicklung erhalten. Immer aber liegt in sozialen Konflikten eine hervorragende schöpferische Kraft von Gesellschaften. Gerade weil sie über je bestehende Zustände hinausweisen, sind Konflikte ein Lebenselement der Gesellschaft – wie möglicherweise Konflikt überhaupt ein Element allen Lebens ist[2].

Kontrollfragen

1. Welche Bedeutung hat der soziale Konflikt für die Gruppe als Ganzes und für die einzelnen Gruppenmitglieder? – 2. Nennen Sie Formen der Konfliktregelung und beschreiben Sie den „Mechanismus" ihrer Wirkung! – 3. Inwiefern setzt eine Konfliktregelung eine Institutionalisierung des Konfliktgegenstandes voraus?

Arbeitsvorschläge

1. Suchen Sie Beispiele für gesellschaftliche Konflikte und ordnen Sie diese laut der Tabelle von Dahrendorf (S. 29) ein!
2. Stellen Sie historische Ereignisse zusammen, die unter den Begriff „gesellschaftlicher Konflikt" fallen und verfolgen Sie an Hand Ihrer Geschichtsbücher deren Entwicklung bzw. Regelung!
3. Wie lassen sich Revolutionen, z. B. die von 1789 oder von 1917, in die Konflikttheorie einbauen?

---

[1] Rüegg, W.: Soziologie, a.a.O. S. 232.
[2] Dahrendorf, R.: Gesellschaft und Freiheit. München 1961. S. 124/29.

1.3.3. Problematisierung

Die Problematisierung des sozialen Konfliktes und seiner Regelung setzt bei folgenden Punkten an:
1. Ein meist unbewußtes Streben nach Sicherheit, Stabilität und Ausgleich ist auch bei den Menschen festzustellen, die grundsätzlich den sozialen Konflikt bejahen.
2. Sozialer Konflikt und soziale Kontrolle stehen in einem dialektischen Verhältnis.
3. Die Regelung sozialer Konflikte setzt in einer Demokratie den Konsens der Mehrheit voraus.
4. Das zentrale Problem gesellschaftlicher Konflikte ist mit der Unterscheidung zwischen dem ‚strukturellen‘ und dem ‚antagonistischen‘ Konflikt gegeben.
Während der strukturelle Konflikt zwar die gesamte Gesellschaft erfaßt, jedoch innerhalb des jeweiligen gesellschaftlichen Systems verbleibt, versteht man unter dem antagonistischen Konflikt eine Auseinandersetzung, die auf einem unlösbaren Widerspruch beruht, der konsequenterweise nur durch eine Systemüberwindung behoben werden kann.
Versucht man diese beiden Formen des Konfliktes an einem konkreten Fall darzustellen – z. B. an der Auseinandersetzung über die Herrschaftsverhältnisse – so zeigt sich, daß die Zuordnung zu den beiden Konfliktformen (strukturell und antagonistisch) und deren Interpretation im Hinblick auf den gesellschaftlichen Wandel zum großen Teil von dem ideologischen Standort des Betrachters abhängen.
Für einen Marxisten erscheint der Konflikt über die Herrschaftsverhältnisse als ein antagonistischer, der im Prinzip nicht geregelt werden kann; denn durch diesen Konflikt, ausgetragen in der Form des Klassenkampfes, wird das herrschende System abgelöst. Nur so entsteht ein gesellschaftlicher Umwälzungsprozeß, der mit der Erreichung der klassenlosen Gesellschaft sein Ende findet.
Für einen Betrachter der liberalen Richtung erscheint ein solcher Konflikt zwar ebenfalls als eine Auseinandersetzung von zentraler Bedeutung, die aber nur in Ausnahmefällen zu einer Ablösung eines gesellschaftlichen Systems führt. In der Regel verläuft dieser Prozeß innerhalb des Systems, wo er in irgendeiner Form eine Regelung findet und zugleich gesellschaftliche Veränderungen mit sich bringt.
Die drei sich anschließenden Quellen zeigen unterschiedliche Standpunkte zu der Entstehung und Interpretation des sozialen Konflikts:

1.3.4. Quellen

a) Einen Überblick über die marxistische Konflikttheorie gibt die Darstellung von C. W. Mills, The Marxists. Die wichtigsten Thesen sind:
1. Die ökonomische Basis einer Gesellschaft determiniert ihre gesamte Sozialstruktur und das Bewußtsein der Menschen, die in ihr leben.
2. Die Dynamik des sozio-historischen Wandels beruht auf dem Konflikt zwischen Produktivkräften und Produktionsverhältnissen.
3. Der Klassenkampf zwischen der besitzenden und der arbeitenden Klasse ist die soziale, politische und psychologische Reflexion dieses objektiven ökonomischen Widerspruchs. Seine subjektiven Repräsentanten sind die Kapitalisten und die Lohnarbeiter.
4. Eigentum als Quelle des Einkommens ist das objektive Kriterium für Klassenzugehörigkeit.
5. Klassenkampf und nicht „natürliche" oder sonstige Harmonie ist die normale und unausweichliche

Situation der kapitalistischen Gesellschaft. Im Konflikt der Klasseninteressen kann letztlich ein Interesse nur auf Kosten des anderen erfüllt werden.

6. Innerhalb der kapitalistischen Gesellschaft können die Arbeiter ihrer Lage der Ausbeutung und ihrer revolutionären Bestimmung nicht entgehen, auch nicht durch die Erringung legaler und politischer Rechte.

7. Ausbeutung (Abschöpfung des Mehrwerts) ist ein Bauelement des kapitalistischen Wirtschaftssystems, sie erhöht die Chancen der Revolution. Nur produktive Arbeit schafft Wert; Zinsarbeit und Rentenarbeit schöpfen Wert ab.

8. Indem die Klassenstruktur sich immer stärker polarisiert, steigen die Chancen der Revolution weiter. Die Zahl der Kapitalisten sinkt; die Zahl der Lohnabhängigen steigt; die Zwischenklassen werden politisch unerheblich.

9. Das materielle Elend und die Entfremdung der Lohnarbeiter nehmen zu.

10. Die Lohnarbeiter, die zuerst nur eine Klasse-an-sich waren, werden in das Proletariat, die Klasse-für-sich, transformiert. Aus einem bloßen Aggregat wird ein bewußter Zustand der Identität mit sich selbst, eine Erwartung, die sich in einer Ideologie ausdrückt.

11. Die Gelegenheit zur Revolution ergibt sich nur, wenn objektive Bedingungen und subjektive Bereitschaft zusammenfallen.

12. Die funktionale Unabdingbarkeit einer Klasse (der Klasse der Lohnarbeiter) führt zu ihrer politischen Überlegenheit in der Gesamtgesellschaft. Dies ist die Grundlage der marxistischen Machttheorie, die gewissermaßen von den „latenden" Machtstrukturen ausgeht.

13. In allen Klassengesellschaften ist der Staat das Zwangsinstrument der besitzenden Klassen.

14. Der Kapitalismus gerät von einer Krise in die andere; diese Krisen werden immer tiefgreifender, bis zur Endkrise und der Revolution des Proletariats.

Zitiert aus Krysmanski, H. J.: Soziologie des Konflikts. Hamburg 1971, S. 98/99.

b) Die Ansichten zur Konfliktsituation in einer spätkapitalistischen Gesellschaft drückt Habermas als Vertreter der ‚Kritischen Theorie' wie folgt aus:

Der staatlich geregelte Kapitalismus, der aus einer Reaktion auf die durch den offenen Klassenantagonismus erzeugten Systemgefährdung hervorgegangen ist, stellt den Klassenkonflikt still. Das System des Spätkapitalismus ist durch eine, die Loyalität der lohnabhängigen Massen sichernde Entschädigungs-, und das heißt: Konfliktvermeidungspolitik so sehr definiert, daß der mit der privatwirtschaftlichen Kapitalverwertung nach wie vor in die Struktur der Gesellschaft eingebaute Konflikt derjenige ist, der mit der relativ größten Wahrscheinlichkeit latent bleibt. Er tritt hinter anderen Konflikten zurück, die zwar ebenfalls durch die Produktionsweise bedingt sind, aber nicht mehr die Form von Klassenkonflikten annehmen können. Claus Offe hat den paradoxen Sachverhalt analysiert: daß sich offene Konflikte an gesellschaftlichen Interessen um so wahrscheinlicher entzünden, je weniger ihre Verletzung systemgefährdende Folgen hat. Konfliktträchtig sind die an der Peripherie des staatlichen Aktionsbereiches liegenden Bedürfnisse, weil sie von dem latent gehaltenen Zentralkonflikt entfernt sind und daher keine Priorität bei der Gefahrenabwehr genießen ... „Die Disparität der Lebensbereiche wächst vor allem hinsichtlich des unterschiedlichen Entwicklungsstandes zwischen tatsächlich institutionalisiertem und möglichem Niveau des technischen und gesellschaftlichen Fortschritts: das Mißverhältnis zwischen modernsten Produktions- und Militärapparaten und der stagnierenden Organisation des Verkehrs, Gesundheits- und Bildungssystems ist ein ebenso bekanntes Beispiel für diese Disparität der Lebensbereiche wie der Widerspruch zwischen rationaler Planung und Regulierung der Steuer- und Finanzpolitik und der naturwüchsigen Entwicklung von Städten und Regionen. Solche Widersprüche lassen sich nicht mehr triftig als Antagonismen zwischen Klassen, wohl aber als Resultate des nach wie vor dominanten Prozesses privatwirtschaftlicher Kapitalverwertung und eines spezifisch kapitalistischen Herrschaftsverhältnisses interpretieren: in ihm sind diejenigen Interessen die herrschenden, die ohne in eindeutiger Weise lokalisierbar zu sein, aufgrund der etablierten Mechanik kapitalistischen

Wirtschaftens in der Lage sind, auf die Verletzung der Stabilitätsbedingung mit der Erzeugung relevanter Risiken zu reagieren."

Die an der Erhaltung der Produktionsweise haftenden Interessen sind im Gesellschaftssystem nicht mehr als Klasseninteressen „eindeutig lokalisierbar". Denn das auf die Vermeidung von Systemgefährdung gerichtete Herrschaftssystem schließt gerade „Herrschaft" (im Sinne unmittelbarer politischer oder ökonomisch vermittelter sozialer Herrschaft) aus, soweit sie in der Weise ausgeübt wird, daß ein Klassensubjekt dem anderen als identifizierbare Gruppe gegenübertritt.

Das bedeutet nicht eine Aufhebung, aber eine Latenz der Klassengegensätze. Immer noch bestehen die klassenspezifischen Unterschiede fort in Form subkultureller Überlieferungen und entsprechender Differenzen nicht nur des Lebensniveaus und der Lebensgewohnheiten, sondern auch der politischen Einstellungen.

Habermas, J.: Technik und Wissenschaft als Ideologie. Frankfurt/Main 1970, S. 84—86.

c) Die Haltung des liberalen Soziologen Dahrendorf zum Konflikt zeigen folgende Passagen aus seinem Buch „Gesellschaft und Demokratie in Deutschland":

Wo immer es menschliches Leben in Gesellschaft gibt, gibt es auch Konflikt. Gesellschaften unterscheiden sich nicht darin, daß es in einigen Konflikte gibt und in anderen nicht; Gesellschaften und soziale Einheiten unterscheiden sich in der Gewaltsamkeit und der Intensität von Konflikten. Aber während dieses soziologische Gesetz – wenn es ein solches ist – den Schluß nahelegen würde, die skizzierte liberale Haltung zu Konflikten als die einzige realistische, vielleicht sogar (wie Bertrand Russell sagen würde) die einzige „wissenschaftliche" zu bezeichnen, hat die Geschichte der Menschheit dieses Gesetz sehr viel häufiger verletzt als anerkannt gesehen. Techniken, die der Unterdrückung sozialer Konflikte dienen, sind weit älter als das Wort „totalitär", mit dem wir sie heute beschreiben; und zumindest dem Anschein nach sind diese Techniken auch sehr viel erfolgreicher, als unser Gesetz es erlauben würde.

Verschiedene Haltungen zu Konflikten haben auch ihr Gewicht für die Sache der Freiheit. Man könnte sagen, daß in dem Sinne, in dem eine rationale Einstellung zur Regelung von Konflikten pragmatische Implikation der parlamentarischen Regierung ist, sie auch Voraussetzung jener individuellen Entfaltung ist, die das liberale Prinzip garantiert. Aber das ist nur ein Teil dessen, was ich hier meine. Verschiedene Einstellungen zu Konflikten enthalten verschiedene Auffassungen der menschlichen Situation. Wenn man bereit ist, die beharrliche Existenz widersprechender Auffassungen anzuerkennen und ihren Konflikt als Stachel sozialer Entwicklung zu benutzen, impliziert das die Überzeugung, daß der Mensch in einer Welt konstitutioneller Ungewißheit lebt. In den Begriffen des Ökonomen gesprochen, fehlen uns ständig, und nicht nur zufällig, einige der Informationen, die nötig wären, um verbindlich zu entscheiden, was wahr und was gut ist. Da kein Mensch alle Antworten kennt, kommt viel darauf an, die Diktatur der falschen Antworten zu vermeiden. Der einzige Weg aber, dies wirksam zu tun, liegt darin, dafür zu sorgen, daß es zu allen Zeiten und in allen Bereichen möglich bleibt, mehr als eine Antwort zu geben. Konflikt ist Freiheit, weil durch ihn allein die Vielfalt in einer Welt notorischer Ungewißheit angemessen Ausdruck finden kann.

Dahrendorf, R.: Gesellschaft und Demokratie in Deutschland. München 1965, S. 171—174.

Aufgaben

1. Wie würde nach Ihrer Ansicht eine Gesellschaft aussehen, in der für den außenstehenden Betrachter kein sozialer oder politischer Konflikt erkennbar ist? – 2. Wie müßte nach Ihrer Ansicht die Gesellschaft und der Staat beschaffen sein, in denen grundsätzlich alle sozialen Konflikte ausgetragen werden? – 3. Nehmen Sie Stellung zu der Behauptung: Ein sozialer Konflikt läßt sich im Prinzip nicht lösen, sondern nur regeln! – 4. Inwiefern zwingt der Konflikt die

Machthaber dazu, ihre Machtposition zu erklären und zu klären? – 5. Stellen Sie an Hand der Quellen die unterschiedlichen Auffassungen über die Entstehung des sozialen Konfliktes dar! – 6. Welche Konsequenzen ziehen die Verfasser daraus? – 7. Beziehen Sie eine eigene Stellung und begründen Sie diese!

1.4. Die moderne Industriegesellschaft ist eine Massengesellschaft und eine pluralistische Gesellschaft

1.4.1. Hinführung

Hört man als unbefangener Zuhörer die Rede eines Kulturphilosophen bzw. Kulturkritikers, dann erfährt man in der Regel, daß unsere Gesellschaft unabwendbar den Weg zur Massengesellschaft geht.
Hört man dagegen zu dem gleichen Problem einen Soziologen, dann ist man verwundert darüber, daß der Begriff Massengesellschaft in diesem Sinne nicht vorkommt; im Gegenteil, man wird darüber belehrt, daß unsere Gesellschaft pluralistisch sei und stark differenziert ist.

1.4.2. Information

Versucht man den Begriff der Masse im formalen Sinne zu analysieren, lassen sich folgende Merkmale herausstellen:
1. In der Regel versteht man darunter eine relativ große Anzahl von Menschen – eine Masse Menschen – (latente Masse).
2. Die Menschen sind weniger durch ihren direkten wechselseitigen Kontakt – wie z. B. in der Kleingruppe – verbunden als durch ein gemeinsames Ziel oder Ereignis.
3. In der Regel ist der Gegenstand des Verbundenseins nur für eine relativ kurze Zeit wirksam, z. B. bei Massenveranstaltungen wie Sportveranstaltungen bzw. politischen Versammlungen oder Aktionen (aktualisierte Masse).
4. Im Zustand der aktualisierten Masse lassen sich Veränderungen beim einzelnen Menschen feststellen, die nicht nur durch die Zahl der Menschen, die räumliche Nähe oder das gemeinsame Interesse zu erklären sind.
Die unter 3 und 4 angegebenen Merkmale werden vorwiegend von der Psychologie und der Sozialpsychologie beschrieben und erklärt. Danach verbinden sich mit dem Begriff Masse etwa folgende Vorstellungen: Mangel an individueller Differenzierung, an Originalität, an Initiative und an individuellem Bewußtsein (Massenseele).
Eine negative, auf das Irrationale gerichtete Erklärung der Masse finden wir auch bei dem spanischen Kulturphilosophen Ortega y Gasset, der der Masse die Elite gegenüberstellt und für Europa einen Aufstand der Massen prophezeit.
Gustave Le Bon analysiert die Masse als psychologische Erscheinung. Nach Le Bon fallen beim Menschen im Zustand der Masse folgende Hauptmerkmale auf:
„Schwund der bewußten Persönlichkeit, Vorherrschaft der unbewußten Persönlichkeit, Orientierung der Gefühle und Gedanken in derselben Richtung durch Suggestion und Ansteckung, Tendenz zur

unverzüglichen Verwirklichung der suggerierten Ideen. Das Individuum ist nicht mehr es selbst, es ist ein willenloser Automat geworden."[1]

Mit dem Hinweis Le Bon's auf die Vorherrschaft der unbewußten Persönlichkeit und deren Verwandlung in einen willenlosen Automaten wird die tiefenpsychologische Dimension sichtbar. Sigmund Freud hat in seiner Frühschrift „Massenpsychologie und Ich-Analyse" (1921)[2] die Aufmerksamkeit auf die Tatsache gelenkt, daß die Masse bestimmte Bedingungen schafft, die dem einzelnen gestatten, seine unbewußten Triebregungen „abzuwerfen". Insofern erhält die Masse bei Freud auch einen positiven Charakter.

Der von den Psychologen analysierte Begriff der Masse ist nicht identisch mit der Massengesellschaft, die der Soziologe Gerhard Wurzbacher beschreibt:

Mit dem Begriff ‚Massengesellschaft' ist zunächst einmal das quantitative Merkmal großer Bevölkerungen verbunden, die auf Grund industrieller Mittel und politischer Mobilisierung zu komplexen, vielfältig expansiven Wirkungszusammenhängen der Produktion, des Konsums, Verkehrs, der Information und Beeinflussung wie der Politik zusammengefaßt sind. Mit diesen quantitativen Merkmalen verknüpfen sich in unterschiedlicher Überlagerung und Intensität Vorstellungen qualitativer Rückwirkungen auf Person und Gesellschaft: Eine quantitative Expansion sozialer Gebilde und ihrer Aufgabenbereiche bringt zwangsläufig die bürokratische Herrschafts- und Verwaltungsform mit ihrer äußerst rationalen Struktur mit sich. Als Folgeerscheinung ergäbe sich – trotz aller gegensteuernden demokratischen Leitvorstellungen und Institutionen – die geringere Möglichkeit der so Verwalteten und Geführten, eine genaue Kenntnis der gesellschaftlichen Zusammenhänge zu gewinnen ... Die Chance zur Entwicklung eigenständiger Lebensformen von einzelnen wie von Elitegruppen würde geringer[3].

Die Beschreibung dessen, was Wurzbacher die Massengesellschaft nennt, hat große Ähnlichkeit mit den Darstellungen anderer Soziologen, die diesen Begriff aber nicht gebrauchen.

Freyer z. B. bezeichnet eine solche Gesellschaft als ein ‚sekundäres System', in dem der Mensch „gelebt wird". Der Mensch in diesem System empfängt sein geistiges, moralisches und gefühlsmäßiges Leben aus ‚zweiter Hand'[4].

Wir begegneten einer ähnlichen Beschreibung bei Riesmans „außengeleitetem Menschen". Arnold Gehlen analysiert die Industriegesellschaft in anthropologischer Sicht. Die wichtigsten Merkmale seiner Diagnose sind: Intellektualisierung, Entsinnlichung, Verlust des Realitätssinnes. Eine solche Auffassung deckt sich zum Teil auch mit den Aussagen der Vertreter der kritischen Theorie. Natürlich sind die Begründungen dieser Aussagen und die daraus zu ziehenden Folgerungen verschieden. So schreibt Herbert Marcuse:

Heute wird privater Raum durch die technologische Wirklichkeit angegriffen und beschnitten. Massenproduktion und Massendistribution beanspruchen das Individuum, und Industriepsychologie ist längst nicht mehr auf die Fabrik beschränkt ... Das Ergebnis ist nicht Anpassung, sondern Mimesis (Gebärdennachahmung): eine unmittelbare Identifikation des Individuums mit seiner Gesellschaft und dadurch mit der Gesellschaft als einem Ganzen[5].

---

[1] Le Bon, G.: Psychologie der Masse. Leipzig 1919, S. 16.
[2] Freud, S.: Gesammelte Werke, Bd. XIII. London 1940–1952, S. 79 f.
[3] Wurzbacher, G.: Gruppe, Führung, Gesellschaft. München 1961, S. 9/10.
[4] Freyer, H.: Theorie des gegenwärtigen Zeitalters. Stuttgart 1955.
[5] Marcuse, H.: Der eindimensionale Mensch. Neuwied 1969, S. 30.

Die bisher dargestellte Analyse unserer Gesellschaft stellt nur einen Aspekt dar. Der andere Aspekt ist die pluralistische Seite der Industriegesellschaft, die Möglichkeit der bunten Vielfalt, die von Arnold Gehlen beschrieben wird:

„Das Schlagwort, daß die Massenkultur die Persönlichkeit bedrohe, ist sicher nur halbrichtig. Es steht ebenso fest, daß es in der Welt noch nie so viel ausdifferenzierte und ausdrucksfähige Subjektivität gegeben hat wie heute. Das Zeitalter der Vermassung ist also auch das Zeitalter der kleinen Sondergruppierungen, für die man sich einsetzt – ein Prinzip sozialer Verbandsstiftung, das dem Mittelalter oder der Barockzeit schlechthin unglaubhaft erschienen wäre."[6]

Der Begriff ‚Pluralismus' ist so komplex, daß man meist vergeblich nach einer Definition in der Fachliteratur sucht. Als erster Ansatzpunkt soll uns ein vergleichendes Modell dienen. Während die vorindustrielle Gesellschaft sich aus einer relativ kleinen Anzahl ungefähr gleichartiger Elemente zusammensetzte, bestehen die meisten Industriegesellschaften aus einer relativ großen Zahl ungleichförmiger Elemente, die sich noch dazu in unübersichtlicher Weise durchdringen.

Wir brauchen diese Seite des Pluralismus nicht weiter dazustellen, weil wir sie in den Kapiteln über Mobilität und Konflikt zum großen Teil behandelt haben. Weit wichtiger für unsere Betrachtung ist das, was man allgemein als Wert-, Norm- und Interessenpluralismus bezeichnet. Im Mittelalter lebte der Mensch in zum Teil ungebrochener Werteinheit, die in erster Linie durch die Religion bzw. die Kirche bestimmt war. Im Verlauf der Reformation und des Säkularisationsprozesses ist sie weitgehend geschwunden. Durch den ständigen Kontakt mit den Menschen anderer Kulturen und Religionen sowie das weitere Vordringen des rationalen Denkens trat an Stelle der Werteinheit ein Wertpluralismus und damit auch ein Wertrelativismus. Das gleiche gilt für den Bereich der sozialen Normen, da diese zum Teil aus den jeweiligen Wertsystemen entspringen. Alleine die Tatsache, daß die Sozialisation heute von einer relativ großen Zahl von Gruppen und Institutionen mit oft unterschiedlichen Normvorstellungen geleistet wird, macht dies deutlich. Es bedarf kaum der Erwähnung, daß wir in ähnlichem Sinne auch von Interessenpluralismus sprechen können; denn der hohe Grad der Arbeitsteilung und der Organisationsdifferenzierung ist nicht nur ein typisches Kennzeichen unserer Wirtschaftsstruktur, sondern sie erstreckt sich auf alle Bereiche der Gesellschaft.

Der Soziologe René König charakterisiert die gesellschaftliche Pluralität so:

„Die Dichte der sozialen Beziehungen stellt sich vor allem als soziale Verflechtung dar, die Hand in Hand geht mit der sozialen Differenzierung, aus der dann eine Pluralität von Schwerpunkten entsteht. Damit ist bereits ein zweites Merkmal für komplexe Gesellschaften gewonnen: Diese haben immer auch insofern einen pluralistischen Charakter, als sie aus Teilelementen zusammengesetzt sind, die schon als Elemente verschieden sind. So entwickeln sich in ihnen vielfältige Interessenschwerpunkte, die sich dann im einzelnen ausdrücken als Schichtdifferenzierung zwischen Stadt und Land, als Differenzierung zwischen sozialen Klassen, zwischen Arbeiterschaft, Angestelltenschaft und Unternehmerschaft und überhaupt zwischen zahllosen Untergruppen beruflicher und sonstiger Art, die nicht nur ihre eigenen Lebensgesetze haben, sondern auch völlig einzigartige Ablaufsrhythmen. Es liegt auf der Hand, daß in einem solch höchst komplexen System die Einheit außerordentlich prekär ist. Jedenfalls darf sie unter keinen Umständen als Einerleiheit mißverstanden werden. Soziale Integration bleibt ein für allemal die vorübergehende Vereinigung von durchaus verschiedenen Elementen, die sich niemals reibungslos vollziehen kann."

König, René: Soziologische Orientierungen. Köln/Berlin 1965, S. 63/64.

[6] Gehlen, A.: Die Seele ... a.a.O. S. 114.

Kontrollfragen

1. Grenzen Sie den Begriff der Masse gegenüber dem der sozialen Gruppe ab! – 2. Welche Erklärungen gibt es für das „irrationale" Verhalten der Menschen in der Masse? – 3. Was versteht der Soziologe unter Massengesellschaft? – 4. Welche unterschiedlichen Bewertungen des Phänomens Massengesellschaft haben sie kennengelernt? – 5. In welchen Formen äußert sich das, was man unter Pluralismus versteht? – 6. Inwiefern besteht ein Zusammenhang zwischen der Sozialisation und dem Wert- und Normpluralismus in einer Gesellschaft?

Arbeitsvorschläge

1. Lassen sich aus der Geschichte Beispiele und Zeugnisse von einer „Massengesellschaft" finden?
2. Welche Intention verfolgt Alexander Mitscherlich mit folgender konstruierter Geschichte: „Politische Großversammlung, die Arena gefüllt bis zum letzten Platz, ein Teppich von Menschen und Gesichtern in den aufsteigenden Reihen, der Redner in vollem Zug. Er sagt: ‚Die Vermassung ist an allem schuld'. Orkanartiger Applaus."[7]

1.4.3. Problematisierung

I. Teil

a) Es gibt eine Tatsache, die das öffentliche Leben Europas in der gegenwärtigen Stunde – sei es zum Guten, sei es zum Bösen – entscheidend bestimmt: das Heraufkommen der Massen zur vollen sozialen Macht. Da die Massen ihrem Wesen nach ihr eigenes Dasein nicht lenken können noch dürfen und noch weniger imstande sind, die Gemeinschaft zu regieren, ist damit gesagt, daß Europa heute in einer der schwersten Krisen steht, die über Völker, Nationen, Kulturen kommen kann. Eine Krisis solcher Art ist mehr als einmal in der Geschichte eingetreten. Ihre Kennzeichen und Folgen sind bekannt. Sie heißt der Aufstand der Massen ...
Die Menge ist auf einmal sichtbar geworden und nimmt die besten Plätze der Gesellschaft ein. Früher blieb sie, wenn sie vorhanden war, unbemerkt; sie stand im Hintergrund der sozialen Szene. Jetzt hat sie sich an die Rampe vorgeschoben; sie ist Hauptperson geworden. Es gibt keine Helden mehr; es gibt nur noch den Chor.
Der Begriff der Menge ist quantitativ und visuell: Wir wollen ihn, ohne ihn zu verändern, in die soziologische Terminologie übertragen. Dann kommen wir zu dem Begriff der sozialen Masse. Die Gesellschaft ist immer eine dynamische Einheit zweier Faktoren, der Eliten und der Massen. Die Eliten sind Individuen oder Individuengruppen von spezieller Qualifikation; die Masse ist die Gesamtheit der nicht besonders Qualifizierten. Man versteht darum unter Masse nicht nur und nicht in erster Linie die „Arbeitermassen". Masse ist der Durchschnittsmensch. So verwandelt sich, was vorher nur Anzahl war – die Menge –, in eine Beschaffenheit: die allen gemeine Beschaffenheit, nämlich das sozial Ungeprägte; der Mensch, insofern er sich nicht von anderen Menschen abhebt, sondern einen generellen Typus in sich wiederholt. Was haben wir mit dieser Verwandlung einer Quantität in eine Qualität gewonnen? Sehr einfach: mit Hilfe dieser wird uns der Ursprung jener klar. Es ist einleuchtend, ja trivial, daß die Entstehung einer Menge normalerweise Übereinstimmung der Wünsche, Ideen, Lebensformen bei den Individuen voraussetzt, die zu ihr gehören ...

---

[7] Mitscherlich, A.: Massenpsychologie ohne Ressentiment. In „Die neue Rundschau" 64.Jg. 1953, S. 56.

Die alte Demokratie wurde durch eine kräftige Dosis Liberalismus und Verehrung für das Gesetz gemildert. Wer diesen Grundsätzen diente, war verpflichtet, bei sich selber eine strenge Zucht aufrechtzuerhalten. Unter dem Schutz des liberalen Prinzips und der Rechtsnorm konnten die Minoritäten leben und wirken.
Demokratie und Gesetz, legale Lebensgemeinschaft waren Synonyme. Heute wohnen wir dem Triumph einer Überdemokratie bei, in der die Masse direkt handelt, ohne Gesetz, und dem Gemeinwesen durch das Mittel des materiallen Drucks ihre Wünsche und Geschmacksrichtungen aufzwingt...
Charakteristisch für den gegenwärtigen Augenblick ist es jedoch, daß die gewöhnliche Seele sich über ihre Gewöhnlichkeit klar ist, aber die Unverfrorenheit besitzt, für das Recht der Gewöhnlichkeit einzutreten und es überall durchzusetzen. Wie es in Nordamerika heißt: Anderssein ist unanständig. Die Masse vernichtet alles, was anders, was ausgezeichnet, persönlich, eigenbegabt und erlesen ist. Wer nicht „wie alle" ist, wer nicht „wie alle" denkt, läuft Gefahr, ausgeschaltet zu werden. Und es ist klar, daß „alle" nicht alle sind. „Alle" waren normalerweise die komplexe Einheit aus Masse und Andersdenkenden, besonderen Eliten. Heute sind „alle" nur noch die Masse.

<small>Ortega y Gasset: Der Aufstand der Massen. Hamburg 1956, S. 7, 8/9, 11/12.
(Für die Beurteilung der Quelle ist es wichtig zu wissen, daß dieses Buch 1930 zum ersten Mal erschien).</small>

b) Der angebliche Massencharakter der gegenwärtigen Gesellschaft, in ausdrücklichem Gegensatz zu früheren Zuständen, kann sich jedenfalls nicht in einem bloßen Größenverhältnis erschöpfen, in der Riesenzahl der heute unter einem Staatsgebilde vereinigten Menschen. Massengesellschaft in diesem Sinne hat immer bestanden, seitdem die Menschheit ihre primitivste Stufe überwunden hatte...
Was die Kulturkritiker mit dem Begriff Massengesellschaft im Auge haben, ist denn auch gar nicht die Dimensionen, sondern die Struktur – sie selbst sprechen gerne von Strukturlosigkeit. Die heutige Großgesellschaft entbehrt, wie sie glauben, der Vertikalstruktur, sie ist atomisiert. An dieser gesellschaftlichen Daseinsform wird kritisiert, daß sie unanschaulich, anonym und abstrakt sei. Infolgedessen genüge sie nicht dem Gemeinschaftsbedürfnis, der Mensch fühle sich in ihrer sachlich-kühlen Atmosphäre heimatlos, insbesondere aber werde durch die Unpersönlichkeit und Anonymität der Beziehungen, die Reduzierung der Person zum Molekül in einer gleichförmigen Riesenmasse, das Bewußtsein sozialer Verantwortlichkeit abgestumpft. Insofern sei das Massendasein verhängnisvoll für die Demokratie, die ja eben die verantwortlich aktive Teilnahme am sozialen Ganzen voraussetze...
Die gedankenlos vergröbernde Gegenüberstellung der mittelalterlich lebenden Gemeinschaft und der neuzeitlichen atomisierten Massengesellschaft weckt den Anschein, als sei die sogenannte Massenstruktur schlechthin an die Stelle jener älteren Verhältnisse persönlicher Nähe getreten. Der Begriff der Massengesellschaft deckt aber nur eine Seite jener Änderung des Gesellschaftsaufbaus, die in der Neuzeit stattgefunden hat. Was wirklich eingetreten ist, möchte treffender bezeichnet werden als eine Polarisierung der sozialen Funktionen, eine Scheidung der öffentlichen und der privaten Daseinsphäre...
Nur im Bereich des öffentlichen Lebens ist die vielberufene Vermassung und Atomisierung eingetreten in dem Sinne, daß der einzelne zu einer Nummer in Reih und Glied, einem Molekül im großen Haufen wird. Das gilt vor allem vom politischen und wirtschaftlichen Leben. Hier hat, von wenigen Auserwählten abgesehen, der einzelne als Persönlichkeit keine Bedeutung, sondern nur die große Zahl namenloser Einer ihr Massengewicht. Auf einer anderen Ebene des gesellschaftlichen Daseins aber vollzog sich gleichzeitig eine gegenläufige Entwicklung. Ist das öffentliche Leben sozusagen öffentlicher geworden, d. h. unpersönlicher, massenhafter, so wurde das Privatleben entsprechend mehr intim. Das äußert sich in vielerlei, wovon hier nur zwei Beispiele gegeben seien. Seitdem die Familie von fast allen öffentlichen Funktionen entlastet ist, hat sie auch ihr patriarchalisches Gepräge verloren. Liebe ist an die Stelle der Autorität, Vertraulichkeit an die Stelle der scheuen Ehrerbietung getreten. – Der Wahl des persönlichen Umgangskreises, der Gestaltung des häuslichen Lebensstiles, der Freizeitgestaltung sind keine institutionellen Schranken gesetzt. Massendasein und Atomisierung sind auf den Bereich des öffentlichen Lebens beschränkt und finden ihr Gegengewicht in einer entsprechenden Individualisierung des Privatlebens.

Massenorganisation hier – persönliche Vereinzelung und intime Gesellung dort. Nicht das Massendasein als solches, sondern die Polarisierung der Lebensformen, der Dualismus der gesellschaftlichen Sphären, ist das Sondermerkmal der Neuzeit ...

Es ist nicht so, daß die moderne Massengesellschaft uns den für den Bestand der Demokratie gefährlichen anonymen Zwängen aussetzt, vielmehr hat demokratische Denkweise und Lebensform uns diese Zwänge erst recht zum Bewußtsein gebracht und unsere Empfindlichkeit ihnen gegenüber gesteigert. Die Massengesellschaft, in dem begrenzten Sinn und Umfang, in dem sie tatsächlich besteht, nämlich im Hinblick auf die Funktionen des öffentlichen Lebens, vor allem des politischen und wirtschaftlichen, ist eine unumgängliche Begleiterscheinung hochentwickelter Technik der Daseinsbewältigung. Die technische Effektivität unseres Daseinsapparates ist von gesellschaftlicher Großorganisation abhängig. Zentralisierte Massengesellschaft ist schlechthin die Organisationsform des technischen Zeitalters. Dezentralisierung hätte ihren Preis: den Rückgang auf eine niedrigere Stufe der Technik ...

Der Zusammenhalt dieser Massengebilde hat also nicht auf einem „Gefühl der Zusammengehörigkeit" zu beruhen, sondern auf der Einsicht in die faktische gegenseitige Abhängigkeit. Sie sind nicht Sache der Neigung, sondern der Lebensnot. Mit anderen Worten: man braucht nicht einander zu lieben, um sachlich zu kooperieren.

Das wissen wir alle einerseits sehr wohl. Andererseits aber – und trotzdem – enthält unsere moralische und soziale Erziehung die Fiktion aufrecht, daß geselliges Zusammenleben eine Angelegenheit des Gefühles der brüderlichen Liebe sei. Wir erziehen m. a. W. unsere Jugend zu einer falschen gesellschaftlichen Attitüde: einer sentimentalen nämlich, statt zu intellektueller Disziplin und Gefühlsaskese.

Das letzte gilt natürlich eben nur für die Sozialgebilde der öffentlichen Lebenssphäre. Das heißt aber einen Dualismus der Attitüden und die Fähigkeit zur Umstellung der Attitüde bei jedem Szenenwechsel von der privaten in die öffentliche Lebenssphäre und umgekehrt erwarten ...

Je differenzierter die Gesellschaft in ihrer Struktur wird, desto größere Beweglichkeit im Rollenwechsel, ein desto reicheres Register von Attitüden verlangt sie vom Menschen.

Theodor Geiger: Die Legende von der Massengesellschaft. Aus: Arbeiten zur Soziologie, Neuwied, 1962, S. 171 f.

Aufgaben zu Teil I

1. Erfassen Sie die wesentlichen Punkte der beiden Analysen und stellen Sie diese einander gegenüber! – 2. Was versteht Geiger unter Polarisierung? – 3. Nehmen Sie Stellung zu den Auffassungen von Ortega y Gasset und Theodor Geiger! – 4. Untersuchen Sie die Ihnen zugänglichen Informationen (Literatur, Presse, Rundfunk, Fernsehen) dahingehend, in welchem Sinne die Begriffe Masse und Massengesellschaft verwandt werden!

II. Teil

Die im Thema formulierte Gegenüberstellung Massengesellschaft und pluralistische Gesellschaft soll der Ansatzpunkt unserer weiteren Diskussion sein. Nivellierte Gesellschaft ist eine Gesellschaft mit der Überbetonung der sozialen Kontrolle, pluralistische Gesellschaft mit einer starken Betonung der Mobilität und des Konfliktes.

Entsprechend dieser schematischen Einteilung lassen sich auch die jeweiligen Auswirkungen zuordnen – zur Massengesellschaft: Konformität, Außenleitung, Manipulation, Realitätsverlust, Entfremdung – zur pluralistischen Gesellschaft: Desintegration, Unübersichtlichkeit, Verunsicherung des einzelnen, Vereinsamung und als Folge dessen Manipulation, Entfremdung usw. Wir bemerken, daß die jeweils am Schluß aufgeführten negativen Auswirkungen sich decken. Wenn diese Gedankenkonstruktion der Realität entspräche, dann wäre die Forderung nach einer Politik, die den Pluralismus ermöglicht, unverständlich.

Nach Meinung des Politologen Ernst Fraenkel[8] ist die Voraussetzung für einen Pluralismus dann gegeben, wenn die öffentlich relevanten Interessen durch plurale Verbandsbildung repräsentiert werden, wodurch ein Interessenausgleich automatisch möglich ist. Er geht damit von der Erwartung aus, daß die autonomen Akteure politischer Konflikte und Kontroversen die Existenz gewisser regulativer Ideen akzeptieren und sich an vorgegebene Spielregeln gebunden wissen. Für ihn ist die pluralistische Heterogenität das unerläßliche Gegengift gegen den autokratischen Massenstaat.

Gegen diesen Pluralismus wendet sich die Kritik aus zwei extrem verschiedenen Richtungen. Einmal kommt sie von der konservativen Seite, deren wichtigster Vertreter der Staatsrechtler Carl Schmitt ist. Nach ihm gehört zur Demokratie Homogenität und – nötigenfalls – die Ausschaltung oder Vernichtung des Heterogenen; denn die politische Kraft einer Demokratie zeigt sich darin, daß sie das Fremde und Ungleiche, die Homogenität beschränkende zu beseitigen und fernzuhalten weiß.[9] Er schreibt:

So entsteht ein Pluralismus schließlich auch moralischer Bindungen und Treueverpflichtungen, eine ‚plurality of Loyalties‘, durch welche die pluralistische Aufteilung immer stärker stabilisiert und die Bildung einer staatlichen Einheit immer mehr gefährdet wird. In seinem folgerichtigen Ergebnis wird dadurch ein dem Staate verpflichtetes Beamtentum unmöglich, denn auch diese Art Beamtentum setzt einen von den organisierten Sozialkomplexen unterscheidbaren Staat voraus. Außerdem aber entsteht ein Pluralismus der Legalitätsbegriffe, der den Respekt vor der Verfassung zerstört und den Boden der Verfassung in ein unsicheres, von mehreren Seiten umkämpftes Terrain verwandelt, während es im Sinne jeder Verfassung liegt, eine politische Entscheidung zu treffen, die außer Zweifel stellt, was gemeinsame, mit der Verfassung gegebene Basis der staatlichen Einheit ist ...[10]

Stellvertretend für die andere Seite, die kritische Theorie, zitieren wir Herbert Marcuse:

Im Hinblick auf die herrschenden Tendenzen ist jedoch die Frage aufzuwerfen, ob nicht diese Form des Pluralismus die Zerstörung des Pluralismus bedeutet. Die fortgeschrittene Industriegesellschaft ist zwar ein System von Mächten, die einander ausgleichen. Aber diese Kräfte heben sich gegenseitig in einer höheren Einheit auf – im gemeinsamen Interesse, die erreichte Stellung zu verteidigen und auszubauen, die historischen Alternativen zu bekämpfen, qualitative Änderung zu hintertreiben. Die Realität des Pluralismus wird ideologisch, trügerisch. Sie scheint Manipulation und Gleichschaltung eher zu erweitern als zu verringern, die verhängnisvolle Integration eher zu befördern als ihr entgegenzuwirken.[11]

Die Problematik des Pluralismus und der Integration hat die Politiker zu pragmatischen Lösungsversuchen angeregt. Bei einem solchen Versuch entstehen globale und in der Begründung programmatische Leitbilder wie etwa die „great Society" in den USA und die „formierte Gesellschaft" in der Bundesrepublik.

So schreibt Rüdiger Altmann, der den Begriff „formierte Gesellschaft" geprägt hat:

„Unsere Gesellschaft lebt bereits im Gefühl, wenn auch nicht im klaren Bewußtsein ihrer Einheitlichkeit. Diese Einheit gründet sich auf die Einebnung gegensätzlicher Tradition, auf soziale und nationale Erfahrungen ... Pluralismus und Integration sind komplementäre Begriffe, wobei Integration augenscheinlich den höheren Funktionswert besitzt.[12]

---

[8] Fraenkel, E.: Der Pluralismus als Strukturelement der freiheitlich rechtlichen Demokratie. Berlin 1964, S. 18 f.
[9] Schmitt, C.: Die geistesgeschichtliche Lage des heutigen Parlamentarismus. München 1969, S. 14.
[10] Schmitt, C.: Die konkrete Verfassunglage der Gegenwart; in: Nuschler, Steffani (Hrsg.): Pluralismus, Konzeptionen und Kontroversen, München 1972, S. 109/110.
[11] Marcuse, H.: Der eindimensionale Mensch, a. a. O. S. 71.
[12] Altmann, R.: Die formierte Gesellschaft. In: Späte Nachricht vom Staat, Stuttgart 1969, S. 29/30.

Eine kritische Haltung zu den großen Lösungen dieser Art nimmt der Soziologe Scheuch ein. Seine Analyse geht davon aus, daß soziale Differenzierung spezielle Interessen zur Folge hat. und aus speziellen Interessen notwendigerweise gegensätzliche Interessen werden. Der neue Gesichtspunkt liegt darin, daß die soziale Differenzierung als ein Prozeß beschrieben wird, der zugleich Gegensätze vervielfältigt – nicht nur verstärkt – wodurch neue Formen der Integration entstehen. Danach ist unsere Gesellschaft dadurch gekennzeichnet, daß im Prinzip jede Themenstellung zu neuen Koalitionen in der Bevölkerung führt. Der Kitt der Gesellschaft ist nicht die gegenseitige Abhängigkeit, sondern die Tatsache, daß sich für wechselnde Streitfragen wechselnde Koalitionen bilden[13].

Der Ansicht, daß sich im gesellschaftlichen Prozeß immer neue Interessengegensätze und auch neue Koalitionsformen bilden, widerspricht Urs Jaeggi in seinem Buch: ‚Macht und Herrschaft in der Bundesrepublik':

„Die Annahme, die Demokratie werde geschützt und aufrechterhalten durch die Konkurrenz zwischen den Eliten, die sich in ihrer Macht gegenseitig beschränken und ausgleichen, gehört zu den eindrücklichsten politischen Mythen unserer Zeit. Unzweifelhaft gibt es eine Vielzahl von Interessengruppen. Aber es handelt sich um eine Hierarchie der Interessengruppen: einige sind besonders wichtig und andere besonders unwichtig. Das heißt: einzelne Gruppen (die zusammen eine Klasse bilden) sind im sogenannt demokratischen Entscheidungsprozeß besonders dominierend. Und unsere Hypothese ist es, daß zu diesen wichtigen Gruppen vor allem wirtschaftlich oder durch die Wirtschaft stark bedingte Gruppen gehören. Die These lautet also: in Verbindung wirtschaftlicher und politischer Macht bestimmt die erste die zweite in einem höheren Maße als umgekehrt ... Freilich: die einheitliche Meinung geht in ‚wesentlichen Punkten', falls sie sich nicht bloß auf große formale und außerdem unklare Kategorien wie Demokratie und Freiheit bezieht, in der Regel auf Kosten der Unterprivilegierten; sie schließt diese von der Beteiligung aus und vereitelt gleichzeitig revolutionäre oder auch nur reformerische Strukturveränderungen ... Soziologische Theorien, die von ‚Eliten' im Plural reden, verdecken die Machtstrukturen der Wirtschaftsgesellschaft. Pluralismus herrscht in den Ansichten, Haltungen und Verhaltensweisen; Klassenherrschaft herrscht im sozio-ökonomischen Raum."[14]

Eines der größten Probleme bei der Verwirklichung eines Pluralismus der Interessen und der Werte liegt in dem dazu notwendigen gesellschaftlichen Bewußtsein, das sich in den unterschiedlichen Gesellschaftsmodellen widerspiegelt. Zwei Grundmodelle werden hier zur Diskussion gestellt:

a) Die Konzeption eines Gesellschaftsmodells muß grundsätzlich von der Erfahrung der Unvollkommenheit des Menschen und von der Begrenztheit seiner Erkenntnis ausgehen.

b) Ein Gesellschaftsmodell, das die Emanzipation des Menschen anstrebt, muß von der Gewißheit ausgehen, daß eine Gesellschaft ohne Repression und ohne soziale Ungleichheit möglich ist.

Aufgaben zu Teil II

1. Stellen Sie an Hand der Zitate die unterschiedlichen Auffassungen über die Verwirklichung des Pluralismus als Element der Staats- und Gesellschaftsordnung zusammen! – 2. In welchem Verhältnis stehen gesellschaftlicher Pluralismus und Demokratie? – 3. Welchem Gesellschaftsmodell geben Sie den Vorzug? Begründen Sie Ihren Standpunkt! – 4. Versuchen Sie in diesem Zusammenhang den Begriff „Realutopie" zu interpretieren!

---

[13] Scheuch, E.: Verplante Freiheit oder die Zukunft des Pluralismus, in ‚Die Mitarbeit', Heft 5, Heidelberg 1966, S. 40 f.
[14] Jaeggi, U.: Macht und Herrschaft in der Bundesrepublik. Frankfurt/M., 1969, S. 29/30.

2. Die moderne Industriegesellschaft unter ökonomischem Aspekt

2.1. Die moderne Industriegesellschaft ist gekennzeichnet durch Rationalität und durch den engen Zusammenhang zwischen Wissenschaft, Technik und Industriesystem

2.1.1. Hinführung

Der Soziologe Max Weber (1864–1920) hat in seiner großen Untersuchung über die kapitalistische Wirtschaft das Wesen dieser Wirtschaftstätigkeit und Wirtschaftsgesinnung mit dem Begriff der Rationalität erklärt. Rationales, genauer zweckrationales Handeln bedeutet ein Handeln, das sich nicht nur an einem Zweck bzw. Ziel orientiert, sondern zudem noch kalkulierbar und kontrollierbar ist. Rationalität ist mehr als das Prinzip eines bestimmten Handelns; sie ist die Grundlage einer Haltung und Gesinnung, die alle Bereiche der Gesellschaft durchdringt. Er spricht daher von rationalem Recht, von rationaler Herrschaft, von rationalen Religionen usw. Ihre reinste Anwendung findet die Rationalität im Berich der Wirtschaft durch die Verwendung aller Mittel unter dem Gesichtspunkt höchster Effizienz.

2.1.2. Information

Mit dem Industriesystem in der kapitalistischen Wirtschaft erhält die Rationalität eine vorher nie erreichte gesellschaftliche Bedeutung, weil sie Wissenschaft, Technik und Wirtschaft im gleichen Maße durchdringt und miteinander verbindet. Gerade auf diese Verbindung kommt es an. Ein einfaches konstruiertes Beispiel soll dies verdeutlichen: Die Entdeckung des Magnetpols der Erde ist eine wissenschaftliche Leistung; die Erfindung eines Instrumentes, das diesen Punkt ortet, nach dem man sich orientieren kann – der Kompaß – ist eine wissenschaftlich-technische Leistung; die Produktion vieler Instrumente, um den Bedarf nach Orientierung (z. B. in der Schiffahrt) zu decken, ist eine wissenschaftlich-technisch-ökonomische Leistung.
Im Unterschied zum Tier ist der Mensch auf Grund seiner psycho-physischen Konstitution in der Lage, seine Umwelt bewußt zu verändern. Die Entwicklung der Menschheitsgeschichte zeigt, daß der Mensch vom Stadium der Bedrohung durch die Natur (Minimum an Überlebenschancen) bis zur Beherrschung der Natur (Maximum an Überlebenschancen) einen weiten und, unter diesem Gesichtspunkt betrachtet, erfolgreichen Weg zurückgelegt hat. Engen wir unsere Betrachtung auf die ökonomisch-technische Seite der Entwicklung ein, so können wir feststellen, daß in den Organisationsprinzipien wie Arbeitsteilung und Arbeitsvereinigung, in der Schaffung der Instrumente (Werkzeuge, Arbeits- und Kraftmaschinen) und in der Kombination von technischen Mitteln, z. B. der Automation, sich die Rationalität des Menschen eine Welt geschaffen hat, die im guten wie im schlechten Sinne seine ‚gemachte' Welt und nicht mehr die natürliche Welt ist.

Durchschnittlicher jährlicher Produktivitätszuwachs in der Industrie*) in Prozent; 1965—1970

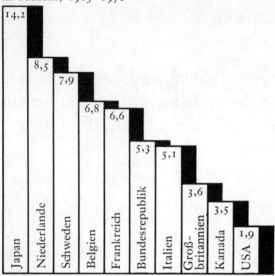

*) Produktionsergebnis je Beschäftigtenstunde
Deutsches Industrieinstitut, 25. XI. 1971.

Das Prinzip der Rationalität wird uns deutlich bei der Produktion von Gütern vor Augen geführt. Unter Gütern versteht der Wirtschaftswissenschaftler alle Mittel — auch solche immaterieller Art — die letztlich zur Befriedigung menschlicher Bedürfnisse dienen. Die Knappheit der Güter, gesehen im Verhältnis zu den Bedürfnissen, ist der Grund dafür, daß die Produktion rational verläuft, d. h., der Produzent wird versuchen, mit den gegebenen Mitteln einen optimalen Ertrag zu erzielen; dieses ökonomische Prinzip wird auch als Rationalprinzip bezeichnet.

Produzieren bedeutet also knappe Produktionsfaktoren so miteinander zu kombinieren (Faktoreinsatz), daß ein möglichst hoher Ertrag erreicht wird. In welchem Maße die einzelnen Faktoren (Arbeit, Kapital, Boden) zum Einsatz gelangen, hängt in der Regel von dem Grad ihrer Knappheit ab. Da bis zu einem bestimmten Punkt die Faktoren austauschbar sind (der Faktor Arbeit wird z. B. durch den Faktor Kapital ersetzt), ist dieser Austausch ebenfalls vom Verhältnis der Knappheit abhängig.

Sehen wir von den vielen Produktions-, Kosten- und Ertragstheorien ab, so lassen sich für unsere Betrachtung folgende Merkmale aufstellen:

1. Die technische Entwicklung übt auf das Verhältnis des Faktoreneinsatzes einen wesentlichen Einfluß aus.
2. Der Einfluß der technisch-ökonomischen Entwicklung ist in der Regel dergestalt, daß der Produktionsfaktor Arbeit durch den Produktionsfaktor Kapital ersetzt (substituiert) wird.
3. Die Substitution des Faktors Arbeit durch den Faktor Kapital wirkt sich in der Regel als eine Rationalisierung des Produktionsprozesses und in einer Steigerung der Produktion aus.

Unter Produktivität verstehen wir das Verhältnis von Produkt zum Faktoreinsatz; so ist die
Arbeitsproduktivität = Produkt : Arbeitseinsatz
Kapitalproduktivität = Produkt : Kapitaleinsatz

Bezeichnen wir den Kapitaleinsatz je Arbeitsplatz als Kapitalintensität, so ist die Arbeitsproduktivität = Kapitalproduktivität × Kapitalintensität.
Wir können zusammenfassen: Produktivitätssteigerung bedeutet Kapitalintensivierung, d. h. Steigerung des Kapitaleinsatzes je Arbeitsplatz. Dies gilt besonders für Volkswirtschaften, wie die BRD, bei denen durch eine relativ langsame Bevölkerungsentwicklung der Faktor Arbeit knapp ist.
Eine Vorstellung über den Kapitaleinsatz pro Arbeitsplatz bietet folgendes Schaubild:

Tausende für den Arbeitsplatz

Reale Bruttoanlageinvestitionen je Beschäftigten in verschiedenen Industriezweigen 1970

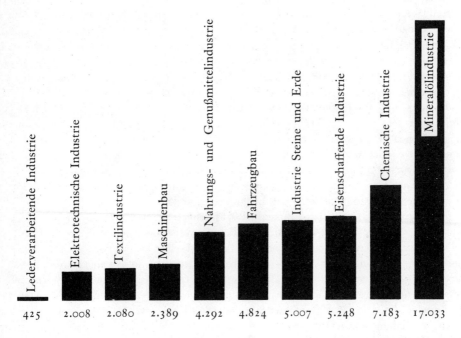

So eindeutig wir den Begriff der Produktivität definieren konnten, so schwierig ist es, die Faktoren zu bestimmen, die die Produktivität beeinflussen. Als wesentlich können wir folgende festhalten:
1. Fähigkeit und Motivierbarkeit der Arbeitskräfte (Bildungsniveau, Verantwortungsbewußtsein)
2. Stand der Technologie
3. Effizienz der Organisation im Unternehmen
4. Effizienz von Verkehrs- und Kommunikationssystemen (Infrastruktur)[1]
Sehen wir einmal von der menschlichen Arbeitskraft ab, so ist die Technologie in Verbindung mit der entsprechenden Organisation der wichtigste Faktor für die steigende Produktivität. Die Entwicklung zeigt, daß die vorwiegend technische Problematik im Produktionsbereich Fertigung immer mehr hinter den organisatorischen Fragen der vorgelagerten Bereiche der

---

[1] Produktivität und Rationalisierung, Forschungsbericht des RKW, Frankfurt 1971, S. 13 f.

Konstruktion und der Arbeitszeitvorbereitung zurücktritt. In allen drei Bereichen wird versucht, die Aufgaben mittels automatischer Verfahren zu lösen, was durch den Einsatz von Datenverarbeitungsanlagen immer perfekter entwickelt wird. Hier tritt deutlich an Stelle der körperlichen und zum Teil auch geistigen Arbeit eine reine Überwachungsfunktion des arbeitenden Menschen. Ökonomisch gesehen, stellt die Automation ein Beispiel für den extrem Ersatz des Faktors Arbeit durch den Faktor Kapital dar. Dies soll und kann nicht heißen, daß die menschliche Arbeitsleistung überflüssig ist, im Gegenteil, sie erhält dadurch eine andere Qualifikation.

Nach dem Bericht des Rationalisierungs-Kuratoriums der deutschen Wirtschaft (RKW) konnte bisher in der BRD die Freisetzung von Arbeitskräften durch Wiederbeschäftigung in der Gesamtwirtschaft kompensiert werden. Bis 1980 wird voraussichtlich nur in der Land- und Forstwirtschaft die Freisetzung einen effektiven Rückgang der Erwerbstätigenzahl bewirken. Die anderen Sektoren (Industrie und Dienstleistungen) werden die Zahl ihrer Arbeitskräfte erhöhen, so daß alle freigesetzten Personen dort wiederbeschäftigt werden können. Zusammen mit dem Produktionswachstum und der Arbeitszeitverkürzung bietet die Freisetzung eine Erklärung für die Entwicklung des Arbeitskräfteeinsatzes. Es zeigt sich, daß sie so lange nicht zur Arbeitslosigkeit führt, wie es gelingt, die Nachfrage dergestalt auszuweiten, daß die Produktion ausreichend (d. h. schneller als die Produktivität) gesteigert werden kann[2].

Produktions- und Produktivitätssteigerung hängt in erster Linie von dem technischen Fortschritt oder dem Stand der Technologie ab. Es existiert also ein immer stärkerer Zusammenhang zwischen Wissenschaft, Technik und Wirtschaft – oder anders formuliert, zwischen Erfindung (Invention) und deren technisch-ökonomischer Anwendung (Innovation). Die Trennung von Invention und Innovation, also zwischen dem Erfinder und demjenigen, der die Erfindung anwendet – meistens der Unternehmer – ist nicht nur theoretischer Natur. Von 50 modernen Innovationen, deren Geschichte drei amerikanischer Forscher untersucht haben, wurden weniger als 20% vom Erfinder selbst durchgesetzt, und dabei handelte es sich fast lediglich um Verbesserungs-Innovationen. Richtungweisende Neuheiten, sogenannte Basisinnovationen, wurden dagegen kaum von den Erfindern selber angewandt.

Eine andere Feststellung dieser Forscher erscheint uns ebenso erwähnenswert. Es ist die Tatsache, daß die Zeit zwischen der Erfindung und ihrer technisch-ökonomischen Anwendung – also die Innovationszeit – in der Regel immer kürzer wird. Nach ihren Berechnungen hätte der Erfinder, der in der Zeit zwischen 1800 und 1850 lebte, etwa 80 Jahre bis zur wirtschaftlichen Anwendung seiner Erfindung warten müssen. Diese Zeitspanne schrumpft in der zweiten Hälfte des 19. Jahrhunderts auf 30 Jahre zusammen und verringert sich dann im 20. Jahrhundert auf durchschnittlich 10 bis 20 Jahre[3].

Angesichts dieser Tatsachen ergibt sich die Frage nach den Ursachen und Folgen einer solchen Entwicklung. Der Nationalökonom Schumpeter (1883–1950) ebenso wie sein in unserer Zeit berühmt gewordener Kollege Galbraith vertreten die Ansicht, daß Innovationen fast nur noch in großen Unternehmungen durchgeführt werden können, da nur sie die damit verbundenen gewaltigen Kosten aufbringen, das erforderliche Produktions- und Vertriebssystem erstellen und den Markt entsprechend beeinflussen können. Zur Beantwortung der Frage, wer die Innovationen initiiert, werden in der Literatur meist zwei Faktoren angeführt: einmal die Anregung, die von der Nachfrageseite kommt, und zum anderen die von der Angebotsseite her, d. h. vom angebotenen Wissenspotential.

---

[2] Wirtschaftliche und soziale Aspekte des technischen Wandels in der BRD, Forschungsbereicht des RKW, Frankfurt 1970, S. 34–36.
[3] Mensch, G.: Zur Dynamik des technischen Fortschritts, in Zeitschrift für Betriebswirtschaft, 41. Jg. 1971, S. 297–301.

Die Stimulierung zu Basis-Innovationen richtet sich nicht an den Konsumenten, sondern an die Produzenten, die jedoch erst dann eine Erfindung oder ein neues Verfahren einführen, wenn genügend Sicherheit für den wirtschaftlichen Erfolg besteht. Die Entwicklung der letzten Jahrzehnte zeigt, daß auch der Staat mit seiner Wirtschafts- und Wissenschaftspolitik einen immer stärkeren Einfluß auf die Entwicklung der Technologie und damit auf die Innovationen nimmt.

Wir gehen von der Situation des Unternehmers aus, für den Innovation zugleich Investition bedeutet. Er muß das Kapital beschaffen (Eigen-, Selbst- oder Fremdfinanzierung), um neue Maschinen bzw. neue Verfahrenstechniken einsetzen zu können. Geht man dabei von dem Ziel der Gewinnmaximierung seitens der Unternehmer aus, so sind es drei Faktoren, die seine Investitionsentscheidungen vorwiegend bestimmen:

1. das erwartete Einkommen aus den Investitionen,
2. der Beschaffungs- oder Herstellungspreis der Investition,
3. der Marktzins.

Die unsicherste Größe für den Unternehmer ist das zu erwartende Einkommen, weil Irrtümer über die Voraussetzungen von Zukunftsereignissen unvermeidlich sind. Der Unternehmer wird dann investieren, wenn die auf die Gegenwart diskontierten (d. h. mit dem jeweiligen Marktzins errechneten) Zukunftseinkommen mindestens gleich oder größer sind als die Beschaffungs- oder Herstellungskosten – in der Fachsprache: wenn die Grenzleistungsfähigkeit des Kapitals größer ist als der Marktzins.

Wie stellt sich dieser vom Standpunkt des Einzelunternehmers aus gesehene Prozeß im gesamtwirtschaftlichen Zusammenhang dar? Für ihn hat der Investitionsprozeß in zweierlei Hinsicht seine Auswirkungen: erstens einen Einkommenseffekt, zweitens einen Kapazitätseffekt.

Der Einkommenseffekt umschreibt die durch die Investition bedingte Beschäftigungs- und Einkommenssituation. Der mit zeitlichem Abstand folgende Kapazitätseffekt erfaßt die durch die Investition erreichte Vergrößerung des Produktionsapparates, für den in der Folgezeit eine zusätzliche Nachfrage nach Gütern bereitstehen muß, wenn nicht eine krisenhafte Unterbeschäftigung des nunmehr erweiterten Produktionsapparates riskiert werden soll. Das bedeutet: Jede Investition verlangt eine neue Investition, weil durch die Erweiterung der Kapazität eine Mehrproduktion entsteht, die wieder abgesetzt werden muß. Erhöhter Absatz – das ist ja der Einkommenseffekt – bedingt wieder eine zusätzliche Investition.

Die Stabilität des gesamten Wirtschaftssystems erfordert daher ein kontinuierliches ökonomisches Wachstum, eine Forderung, die wir in allen Industriegesellschaften als wesentliches Ziel der Wirtschaftspolitik wiederfinden. Die wesentlichen Impulse, die zu diesem steigenden Wachstum führen, gehen im Prozeß der Industrialisierung weniger vom Bevölkerungspotential als von dem verfügbaren technischen Wissen (Technologie) aus, so daß die Rate des technisch möglichen Produktionszuwachses in einem großen Ausmaß von der Geschwindigkeit des wissenschaftlich-technischen Prozesses abhängt. Es wundert daher nicht, wenn in neuen Lehrbüchern die Wissenschaft bzw. die Technologie als der erste Produktionsfaktor bezeichnet wird.

Kontrollfragen

1. Inwiefern besteht ein enger Zusammenhang zwischen Wissenschaft, Technik und Industriesystem? – 2. Was versteht man unter dem ‚ökonomischen Prinzip‘? – 3. Erklären Sie die Begriffe Produktivität, Arbeitsproduktivität und Kapitalproduktivität! – 4. Welche Faktoren beeinflussen die Produktivität? –

5. *Was versteht man unter Invention, Innovation und Investition? In welchem Zusammenhang stehen diese drei Faktoren? — 6. Von welchen Faktoren hängt in der Regel die Investitionsentscheidung des Unternehmers ab? — 7. Welche Bedeutung hat der Einkommens- und Kapazitätseffekt bei der Investition? — 8. Von welchen Größen hängt das wirtschaftliche Wachstum ab?*

Arbeitsvorschlag

Suchen Sie weitere Beispiele für den engen Zusammenhang zwischen Wissenschaft, Technik und Wirtschaft!

2.1.3. Problematisierung

I. Teil

1. Bei den Diskussionen der letzten 10 Jahre um Rationalität und Effektivität werden in verstärktem Maße den Vorteilen der Anwendung des Rationalitätsprinzips in Technik und Wirtschaft die damit verbundenen Nachteile gegenübergestellt.
Wir zitieren hier den Soziologen Helmut Schelsky:

Von den vielen Kennzeichnungen, die in der philosophischen Besinnung über die moderne Technik bisher gegeben worden sind, erscheinen mir zwei positive Prinzipien und eine daraus folgende negative Kennzeichnung die wichtigsten für unsere Überlegung zu sein:
1. Die moderne Technik beruht auf der analytischen Zerlegung des Gegenstandes oder der Handlung in ihre letzten Elemente, die in der Natur nicht vorfindbar sind. Das gilt nicht nur für die moderne Atomphysik, sondern ebenso für die Zerlegung der menschlichen Handlung etwa in der Arbeitsteilung, die die Voraussetzung der Maschine ist, wie für die Zerlegung der menschlichen Seelenkräfte oder sozialen Antriebe.
2. Die moderne Technik beruht auf der Synthese dieser Elemente nach dem Prinzip der höchsten Wirksamkeit: Unter den Mitteln, die so durch die analytische Zerlegung bereitgestellt werden, drängt die moderne Technik unvermeidlich das funktional Wirksamste auf. Hier liegt ihr unserem Denken längst selbstverständlich gewordener Imperativ: Die maximale Leistungshöhe, die technische efficiency, ist der Richtungspunkt der Synthese, die den modernen technischen Fortschritt steuert; das ökonomische oder soziale Utilitaritätsprinzip — höchster Nutzen für die meisten Menschen oder Maximum an Glückseligkeit — ist längst zu einem untergeordneten Prinzip, zu einer bloßen Ideologie der kommandierenden Bedürfnisse der technischen Entwicklung selbst geworden, die darauf ausgehen, überall „the best one way", das Höchstmaß an technischer Leistungsfähigkeit, zu finden und zu verwirklichen.
3. Als negatives Kennzeichen der modernen Technik möchte ich die Tatsache ansehen, daß die bisher zureichenden anthropologischen Bestimmungen für die Erscheinung der menschlichen Technik in bezug auf die moderne Technik unzureichend werden.
Diese technische Welt ist in ihrem Wesen Konstruktion, und zwar die des Menschen selbst. Man denkt in rückwärts gewandten Bildern, wenn man von ihr als „künstlicher Natur" spricht, sie ist in viel exakterem Sinne der „künstliche Mensch", die Form, in der der menschliche Geist sich als Weltgegenständlichkeit verkörpert und schafft. Gott schuf Erde, Wasser, Bäume, Tiere, also die Natur, aber der Mensch schuf Eisenbahnen und Asphaltstraßen, Flugzeuge und Rundfunk, Sputniks und Parteiorganisationen; in der technischen Zivilisation tritt der Mensch sich selbst als wissenschaftliche Erfindung gegenüber. Damit ist aber in der Tat ein neues Verhältnis des Menschen zur Welt und zu sich selbst gesetzt, das sich mit der technischen Zivilisation über die Erde verbreitet. In einer neueren Veröffentlichung des Philosophen

Gotthard Günther heißt es daher mit Recht: „Gott mag auch noch heute für den Erdenstaub, aus dem wir und die Dinge gemacht sind, verantwortlich sein, aber die Schöpfung jener „zweiten Realität", die uns als objektiver Zivilisations- und Geschichtszusammenhang reell mindestens so stark beeinflußt wie der erste natürliche Seinsbestand, können wir ihm unmöglich zuschreiben. Für sie sind wir allein verantwortlich. Hier hat eine Verdoppelung, also Wiederholung der Realität stattgefunden." Und zwar einer Realität, die der Mensch selbst als geistige und materielle Produktion ist.

Helmut Schelsky: Auf der Suche nach Wirklichkeit. Düsseldorf-Köln, 1965, S. 445 f.

2. Die Verwirklichung des Rationalitätsprinzips in der Wirtschaft und darüber hinaus in der gesamten Gesellschaft führt zu einem weiteren Problem, dem Verhältnis von Rationalität und Herrschaft. Die Stellungnahmen dazu sind unterschiedlich. (Abgesehen von dem ersten Text, werden sie zusammengefaßt wiedergegeben.)

a) Der Amerikaner Galbraith vertritt folgende Auffassung:
Im Unterschied zu der Zeit des klassischen Kapitalismus, in der die wirtschaftliche Entscheidung im Betrieb ausschließlich beim Unternehmer lag, der mehr mit Intuition als mit detailliertem Sachwissen den Betrieb leitete, ist heute eine Betriebsführung dieser Art nicht mehr möglich. Die großen Entscheidungen gründen sich auf Informationen und Kenntnissen, die ein einzelner nicht besitzen kann. In der Regel beruhen sie auf dem spezialisierten wirtschaftlichen und technischen Wissen mehrerer Fachleute, die in einem Team zusammenarbeiten. Hier bei den Technokraten, wie diese Spezialisten bezeichnenderweise auch genannt werden, liegt die eigentliche Macht. Genauer gesagt, ist es eine Herrschaft, die deshalb so unanfechtbar erscheint, weil sie sich gerade auf Kompetenz und den Erfolg höchster Effizienz berufen kann[4].

b) In der Auseinandersetzung um die Frage, ob die Herrschaft der Technokraten – auch Technokratie genannt – mit der von Max Weber dargestellten bürokratischen Herrschaft identisch sei, kommt Jürgen Habermas zu folgendem Ergebnis:

Während Weber noch eine Arbeitsteilung zwischen der sachlich-informierten und technisch-geschulten Militär- und Verwaltungsbürokratie auf der einen – und den machtinstinktiven und willensintensiven Politikern auf der anderen Seite gefordert habe, seien heute die politischen Führer zum Vollzugsorgan einer wissenschaftlichen Intelligenz geworden, die unter konkreten Umständen den Sachzwang der verfügbaren Techniken und Hilfsquellen sowie der optimalen Strategie entwickelten. So ist für Habermas auch der Webersche Begriff der Rationalität nicht Rationalität als solche. Er glaubt, daß hier im Namen der Rationalität eine bestimmte politische Herrschaftsform durchgesetzt werde[5].

c) Eine ähnliche Entwicklung beobachtet auch Helmut Schelsky. Er geht davon aus, daß die Produktion immer neue technische Apparaturen und technische Umwelten und damit eine neue Gesellschaft schaffe, so daß dem Menschen eine Sachgesetzlichkeit entgegentritt, die er selbst in die Welt gesetzt hat. Das Problem liegt darin, daß es keine andere Lösung zuläßt, als eine technische, eine vom Menschen geplante, weil dies das Wesen der Sache ist, es ist es zu bewältigen gilt[6]. (Siehe auch I. 1. Quelle a).

d) Ein weiterer kritischer Ansatzpunkt geht direkt auf Karl Marx zurück. Es ist das Problem der Entfremdung. Wie Hegel sieht er den Menschen als das durch seine eigene Arbeit sich produzierende Wesen. Dieser Prozeß wird jedoch verhindert, weil der Gegenstand, den die Arbeit produziert, ihr als fremdes

[4] Vgl. Galbraith, J. K.: Die moderne Industriegesellschaft. München/Zürich 1968, S. 73 f.
[5] Vgl. Habermas, J.: Technik und Wissenschaft als Ideologie. Frankfurt 1970, S. 121.
[6] Schelsky, H.: Auf der Suche nach der Wirklichkeit. Düsseldorf/Köln, 1965, S. 449.

Wesen, als eine von dem Produzenten unabhängige Macht gegenübertritt. Diese Entfremdung des arbeitenden Menschen erstreckt sich auf das Produkt, auf seine Arbeit und schließlich auf sich selber. Die eigentliche Ursache dafür ist nach Marx das Privateigentum an Produktionsmitteln, wie es sich aus der Arbeitsteilung entwickelt hat. Die Befreiung von der Entfremdung ist letztlich nur in einer klassenlosen Gesellschaft möglich, die nach den heute gegebenen Verhältnissen im Verständnis der Marxisten nur durch eine Revolution erreicht werden kann[7].

Aufgabenstellung

1. Stellen Sie die wichtigsten Kriterien zusammen, nach denen Schelsky (Quelle I. 1.) die moderne Technik beurteilt! Inwieweit stimmen Sie mit der Analyse Schelskys überein? — 2. Worin liegen die wesentlichen Unterschiede in den Auffassungen von Galbraith, Habermas, Schelsky, Marx über das Verhältnis von Rationalität und Herrschaft? Lassen sich diese Unterschiede auf eine verschiedene Sicht der Gesellschaft und Wirtschaft zurückführen?

II. Teil

Ein weiterer Ansatzpunkt der Kritik ist mit der Frage nach der Umsetzung des Rationalitätsprinzips im betrieblichen Bereich gegeben. Hierbei liegt das Problem darin, wie man mittels der Investition die notwendige Innovation und ein kontinuierliches Wirtschaftswachstum ohne Krise erreichen kann.

Die Vertreter des marktwirtschaftlichen Systems — so wie es z. Z. in der Bundesrepublik verwirklicht wird — gehen von folgenden Prämissen aus:

1. Die Entscheidungen über Investitionen müssen in der privaten Wirtschaft den Unternehmern vorbehalten bleiben, da sie das finanzielle Risiko tragen.
2. Der durch den technischen Fortschritt bedingte steigende Bedarf an Kapital für die notwendigen Investitionen verlangt in der Regel eine Unternehmenskonzentration. (Dieses Problem wird im folgenden Kapitel ausführlich behandelt.)
3. Die Entwicklung der Technologie erfordert für die wissenschaftliche Grundlagenforschung eine Mitwirkung des Staates.

Die Kritik an diesen Prämissen und damit am „kapitalistischen System" bietet Joachim Hirsch in seinem Buch ‚Wissenschaftlich-technischer Fortschritt und politisches System':

Der gesellschaftliche Nutzen dieser mit hohem Tempo vorangetriebenen Innovation wird indessen von Kapitalverwertungsbedingungen in einer monopolistischen Wirtschaft sichtbar beschränkt. Die Richtung der industriell betriebenen Forschung und Entwicklung wird diktiert von den Profitmöglichkeiten, die sich aus Ungleichheiten im Monopolisierungsgrad und in der technischen Entwicklung der einzelnen Wirtschaftsfaktoren ergeben, ergänzt durch die staatliche Nachfrage nach Rüstungsgütern. Dies führt zu einer relativ einseitigen Konzentration von Forschung und Entwicklung in bestimmten Industrien und Produktionsbereichen. Gemessen am finanziellen und personellen Aufwand, ist der Gebrauchswert technischer Neuerungen, insbesondere im Konsumgüterbereich, äußerst gering... Tatsächlich ist zu beobachten, daß viele Großkonzerne in relativ starkem Umfang quasi „vorbeugende" Forschung und Entwicklung betreiben. Diese verfolgt keineswegs primär das Ziel einer produktionstechnischen Anwendung, sondern dient zunächst allein der Ansammlung und Monopolisierung technischen Wissens, um potentielle Konkurrenten entweder abzuschrecken oder im Ernstfall wirksam bekämpfen zu können. Die Folge ist die Akkumulation von Patenten bei den forschungsintensiven Großkonzernen, wovon nur ein geringer

---

[7] Vgl. Fetscher, I.: Von Marx zur Sowjetideologie. Berlin 1963, S. 16 f.

Prozentsatz tatsächlich genutzt wird. In Anbetracht dieser Verhältnisse muß auf jeden Fall die Annahme einer Gleichläufigkeit von wissenschaftlich-technischer Entdeckung und deren produktionstechnischer Anwendung, der Innovation, aufgegeben werden. Daraus kann aber noch nicht gefolgert werden, daß das Tempo des wissenschaftlich-technischen Fortschritts durch Monopolisierung absolut verringert wird, zumal berücksichtigt werden muß, daß überhaupt nur Großkonzerne in der Lage sind, die Risiken und die finanziellen Belastungen großangelegter Forschungsvorhaben zu tragen ...
Insgesamt kann man davon ausgehen, daß sich sowohl der wissenschaftlich-technische Fortschritt als auch das Innovationstempo mit dem Übergang zum monopolistischen Kapitalismus beschleunigt hat. Dabei bleibt jedoch die Innovationsrate weit hinter dem erreichbaren Grad zurück, und die Qualität des wissenschaftlich-technischen Fortschritts steht im Rahmen kapitalistischer Kapitalverwertungsbedingungen oftmals in krassem Widerspruch zu den gesellschaftlichen Möglichkeiten und Notwendigkeiten ...
Eine zwangsläufige Korrelation zwischen der Rate des technischen Fortschritts und dem Umfang der Investitionsgelegenheiten besteht nicht. Der technische Fortschritt beeinflußt viel eher die Form und die Richtung als den Umfang der Neuinvestitionen. Es besteht daher Grund zu der Annahme, daß das Problem der Überschußverwertung im monopolistischen Kapitalismus derzeit überhaupt nicht zu lösen ist ohne permanente und großangelegte staatliche Käufe von Rüstungsgütern. Deshalb kommt der militärischen Forschung und Entwicklung eine besondere Bedeutung zu. Diese liegt nicht nur darin, daß Rüstungsaufträge, welche die Finanzierung ausgedehnter Forschungs- und Entwicklungsarbeiten mit einschließen, zusammen mit der damit verbundenen Absatzgarantie das unternehmerische Risiko erheblich vermindern oder beseitigen und so zu einer wichtigen Stütze für die „zivile" Technologie werden können. Sehr viel bedeutungsvoller für die Stabilisierung der kapitalistischen Wirtschaft ist, daß durch ein beschleunigtes Tempo der Rüstungsinnovation das einmal produzierte Rüstungsmaterial fortlaufend und schnell veraltet. Auf diese Weise kann die retardierende Wirkung eines erhöhten Kriegsrisikos im Atomzeitalter auf den Umfang der staatlichen Rüstungskäufe praktisch neutralisiert werden ...
Rüstungsforschung und die ihr verwandte Weltraumtechnologie lösen also das Problem der Kapitalverwertung auf recht elegante Art, indem sie diese von den Gesetzen des Marktes überhaupt befreien und einem administrativ vermittelten Absorptions- und Verwertungsprozeß überstellen.

Joachim Hirsch: Wissenschaftlich-technischer Fortschritt und politisches System, Frankfurt/M. 1970, S. 95 f.

Ausgaben des Bundes für Wissenschaftsförderung 1968—1972

	1968		1969		1970		1971 (Soll)		1972 (vorläuf. Soll)	
	Mio.DM	%	Mio.DM	%	Mio.DM	%	Mio.DM	%	Mio.DM	%
Kernforschung und kerntechn. Entwicklung	672,9	19,0	784,1	19,6	1175,4	23,2	1353,4	21,5	1382,3	18,8
Weltraumforschung und Luftfahrtforschung	291,4	8,2	329,4	8,2	351,5	6,9	506,9	8,1	666,1	9,0
Datenverarbeitung	40,7	1,1	98,5	2,5	98,7	1,9	287,9	4,6	365,7	5,0
Meeresforschung	13,8	0,4	21,7	0,5	28,8	0,6	56,2	0,9	69,2	0,9
Sonstige technologische Forschung	–	–	16,0	0,4	21,8	0,4	95,5	1,5	246,1	3,3

Die Industriegesellschaft unter ökonomischem Aspekt

	1968		1969		1970		1971		1972 (vorläuf. Soll)	
	Mio.DM	%	Mio.DM	%	Mio.DM	%	Mio.DM	%	Mio.DM	%
Forschung für Verteidigung	982,4	27,8	1057,8	26,5	1148,0	22,7	1169,1	18,6	1035,4	14,0

Auszug aus: Forschungsbericht der Bundesregierung 1972; Quelle: Erhebung des Bundesministeriums für Bildung und Wissenschaft.

Aufgaben

1. An welchen Punkten setzt die Kritik Joachim Hirschs an?
2. In welchen Punkten finden Sie die Kritik Hirschs berechtigt? Benutzen Sie dazu die obige Statistik und die in der Stoffvermittlung gebotene Information!
3. Sehen Sie eine Lösungsmöglichkeit für die aufgezeigten Probleme?

2.2. Die moderne Industriegesellschaft ist gekennzeichnet durch wirtschaftliche Konzentration

2.2.1. Hinführung

Bei allen Industriegesellschaften läßt sich ein Prozeß zunehmender Konzentration feststellen. Sehr aufschlußreich ist dabei die Tatsache, daß wir diese Konzentration unabhängig von dem jeweils herrschenden Wirtschafts- und Gesellschaftssystem vorfinden.

Die großen und die kleinen Industriebetriebe mit ... Beschäftigten

	weniger als 10	10–49	50–99	100–499	500–999	mehr als 1000	insgesamt in 1000
				in Prozent			
Frankreich 1966	89,2	8,1	1,3	1,2	0,1	0,1	688,2
Bundesrepublik 1966	43,9	32,2	10,2	11,1	1,5	1,1	103,2
Italien 1961	—	93,0	—	6,0	1,0	1,0	17,4
Japan 1966	72,9	21,9	2,9	2,0	0,2	0,1	595,0
Schweden 1965	73,2	19,8	3,3	2,9	0,4	0,4	34,6
Schweiz 1965	73,1	20,5	3,1	2,8	0,3	0,2	52,6
Großbritannien 1963	—	88,3	—	8,9	1,3	1,5	64,4
USA 1963	52,3	30,7	7,5	7,9	1,0	0,6	307,0

Deutsches Industrieinstitut, 16. 2. 1971.

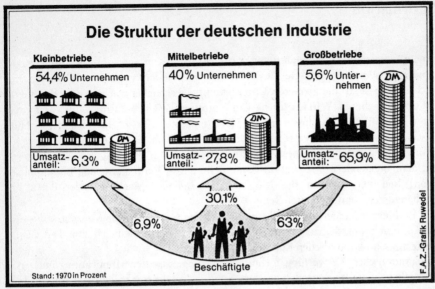

Quelle: FAZ, 13. 2. 1974.

Konzentration in der westdeutschen Industrie, 1954–1967, gemessen am Umsatz in Mrd. DM

	1954	1960	1963	1966	1967
Umsatz der 50 größten Industrieunternehmen	36,8	92,3	118,0	156,4	160,5
Umsatz der 100 größten Industrieunternehmen	48,6	110,4	140,6	183,6	–
Umsatz der Gesamtindustrie	144,8	275,5	326,4	402,0	380,6
Anteil der 50 größten am Gesamtumsatz in %	25,4	33,5	36,2	38,9	42,2
Anteil der 100 größten am Gesamtumsatz in %	33,6	40,1	43,1	45,7	–

Quellen: 1954: Bericht über das Ergebnis einer Untersuchung der Konzentration in der Wirtschaft. Anlagenband zu BT-Drucksache IV/2320, S. 554.
1960–66: Helmut Arndt, Recht, Macht und Wirtschaft, Berlin 1968, S. 82.
1967: Die Zeit Nr. 46 v. 15. November 1968, S. 47; Stat. Jahrbuch 1968, S. 208, eigene Berechnungen.

Die 10 umsatzgrößten Industrieunternehmen der Bundesrepublik

	Umsatz in Mill. DM		Beschäftigte in 1000	
	1972	1971	1972	1971
1. Volkswagenwerk	15 996	16 473	192,1	202,0
2. Siemens	15 147	13 535	301,0	306,0
3. BASF	13 643	12 139	104,1	93,0
4. Farbwerke Hoechst	13 563	12 717	146,3	142,1
5. Daimler-Benz	13 253	12 057	149,8	147,0
6. Bayer	12 821	11 921	136,9	138,3
7. Veba	10 332	9 405	58,3	58,4
8. AEG-Telefunken	10 048	9 375	166,1	167,0
9. Thyssen	9 835	10 380	92,1	96,1
10. Klöckner-Gruppe	8 017	8 208	76,5	82,8

Quelle: FAZ, 18. 8. 1973.

2.2.2. Information

Ganz allgemein definiert, versteht man unter wirtschaftlicher Konzentration die absolute oder relativ stärkere Ausbreitung größerer Unternehmungseinheiten gegenüber kleineren. Sie kann dadurch erfolgen, daß die größeren Unternehmungen schneller wachsen oder daß sie die kleineren in sich aufnehmen. Wirtschaftliche Konzentration läßt sich auch als die Zusammenfassung des wirtschaftlichen Einflusses in der Hand einzelner Wirtschaftssubjekte verstehen, wobei Wirtschaftssubjekte private Personen, Stiftungen oder auch der Staat sein können.

Das große Interesse, das die Konzentration auf sich zieht, ist mit den Folgen dieses Prozesses zu erklären; denn steigende Konzentration (Unternehmungs-, Vermögens- und Einkommenskonzentration) bedeutet zugleich die Möglichkeit steigender Macht auf der einen und steigende Abhängigkeit auf der anderen Seite.

Bevor dieses Problem behandelt werden kann, müssen die Gründe für die Konzentration (hier vorwiegend Unternehmungskonzentration) genannt werden. Sie lassen sich zum Teil aus der allgemeinen technisch-ökonomischen Entwicklung ableiten.

1. Mit der ökonomischen Verwertung technischer Errungenschaften (Innovation) müssen in steigendem Maße größere Investitionen gemacht werden. Mit der technologischen Entwicklung steigt die Kapitalintensität der Unternehmung. Größere Betriebseinheiten sind eher in der Lage, dieses Kapital zu beschaffen und auch zu amortisieren; außerdem können sie auf Grund ihrer Größe die damit verbundenen Risiken besser tragen. (Siehe Kapitel 2.1.2.)
2. Der größte Teil der Stückkosten (die fixen Kosten) sinkt mit zunehmender Stückzahl. Hieraus ergibt sich für die Zeiten normaler konjunktureller Entwicklung ein Vorteil bei den großen Unternehmungen.
3. Die Grundlagenforschung und deren Verwertung finden auf Grund ihres hohen Kapitaleinsatzes in größeren Betrieben bessere Voraussetzungen.

Wie schon angedeutet, kann die Konzentration durch das Anwachsen einer Unternehmung (z. B. durch steigende Investitionen) oder durch Zusammenlegung mehrerer Betriebseinheiten infolge des Aufkaufes oder des Zusammenschlusses (Fusion) erfolgen.

Die Voraussetzungen für die Entscheidungen, die zu einer Konzentration führen, sind je nach dem herrschenden Wirtschafts- und Gesellschaftssystem verschieden. Eindeutig und daher leicht zu erklären ist die Situation in der zentral gelenkten Wirtschaft kommunistischer Staaten. Hier unterliegt diese Entscheidung der obersten Planbehörde. Nur sie kann die Anweisung zur Gründung neuer Betriebe oder zu Neuinvestitionen in bestehenden Betrieben geben oder die Zusammenfassung bisher selbständiger Betriebseinheiten zu einem Kombinat genehmigen. Abgesehen von strategischen oder vielleicht innenpolitischen Motiven sind solche Entschlüsse auf die oben angeführten betriebswirtschaftlichen Gründe zurückzuführen.

Weitaus schwieriger und komplexer ist die Beurteilung von Konzentrationsvorgängen in einem marktwirtschaftlichen System, wie wir es in der BRD kennen. In einem marktwirtschaftlichen System werden die Entscheidungen in der Regel auf den Märkten von wirtschaftlich und rechtlich selbständigen Personen oder Institutionen getroffen, wodurch eine Vielzahl von komplizierten Abhängigkeitsverhältnissen entsteht. Es ist deshalb angebracht, sich zunächst mit drei Problemkreisen zu beschäftigen: mit dem Markt, mit der Preisbildung und mit der Marktbeherrschung.

Für das marktwirtschaftliche System ist der Markt, auf dem sich Käufer und Verkäufer bzw. Nachfrager und Anbieter treffen, die wichtigste Voraussetzung. Entscheidend dabei ist, welche

Form des Marktes existiert. Wir wissen, daß als Leitbild für unser Wirtschaftssystem der Markt mit vollständiger Konkurrenz gilt, d. h. ein Markt, auf dem sich eine große Zahl gleich starker Nachfrager und Anbieter gegenüberstehen. Das extreme Gegenbild ist die Form des Monopols, bei dem jeweils nur ein Anbieter bzw. nur ein Nachfrager auf dem Markt erscheint. Es lassen sich an Hand einer Matrix durch die Variation der Anbieter- und Nachfragerzahl verschiedene Zwischenformen entwickeln, die z. T. in der Praxis – abgesehen von wenigen Ausnahmen – immer wieder auftreten.

Nachfrageseite Angebotsseite	viele Kleine	wenige Mittelgroße	ein Großer
viele Kleine	vollständige Konkurrenz	Nachfrageoligopol	Nachfragemonopol
wenige Mittelgroße	Angebotsoligopol	bilaterales Oligopol	beschränktes Nachfragemonopol
ein Großer	Angebotsmonopol	beschränktes Angebotsmonopol	bilaterales Monopol

Entnommen: Gunzert, R.: Konzentration, Markt und Marktbeherrschung. Frankfurt/Main 1961, S. 32.

Das Modell der Marktwirtschaft geht von folgenden Vorstellungen aus:
1. Die Preise entstehen auf dem Markt.
2. Auf dem Markt herrscht vollständige Konkurrenz.
3. Der Markt übernimmt infolge der Bildung des Gleichgewichtspreises die gesamtwirtschaftliche Lenkungsfunktion und garantiert so eine optimale Versorgung der Bevölkerung.
Wie aber ist die Situation, wenn diese Bedingungen nicht erfüllt sind, z. B. auf dem Markt mit unvollständiger Konkurrenz (Monopol, Oligopol usw.) (siehe Tabelle)? Für das Monopol kann gelten, daß es in reiner Form mit Ausnahme von Rechtsmonopolen – für längere Zeit nicht auftritt. Abgesehen davon wäre ein Monopolist, der Gewinnmaximierung anstrebt, trotz seiner starken Marktposition nicht autonom; denn er ist außer von der Kostenstruktur auch von der Elastizität der Nachfrage und damit von der Substitutionsmöglichkeit (Ersetzbarkeit) für die von ihm produzierten Güter abhängig.
Es wird noch zu zeigen sein, daß die Marktform allein noch kein ausreichendes Kriterium dafür ist, inwieweit Konkurrenz herrscht und wieweit dadurch Konzentration möglich ist. Wir kennen Marktsituationen – um Extreme anzuführen – bei denen sich zwei sehr starke Unternehmungen (Duopol) einen äußerst harten Konkurrenzkampf liefern, und andererseits Märkte mit relativ vielen Anbietern (Polypol), auf denen z. B. durch Absprachen der Wettbewerb fast aufgehoben ist. Dies zeigt, daß für eine Analyse der Konzentration die Darstellung der Marktform alleine nicht ausreicht, weil für die Unternehmer in der Auseinandersetzung mit der Konkurrenz teilweise unter Ausschaltung des Gewinnstrebens andere Motive wie z. B. Macht, Sicherheit, Prestige den Ausschlag geben können.
Die Unternehmenskonzentrationen lassen sich ihrer Struktur nach in vertikale, horizontale und diagonale Konzentrationen gliedern.
1) Vertikale Unternehmenskonzentrationen ergeben sich aus dem Zusammenschluß von Unternehmen mit aufeinanderfolgenden Produktionsstufen, z. B. Kohle-, Eisen- und Stahlproduktion.

Sie dienen dazu, den Bezug von Rohstoffen und Halbfertigfabrikaten zu sichern und den Absatz zu erleichtern. Vertikale Konzentrationen sind mit oder ohne Eigentumsrechte möglich. Im ersten Fall werden z. B. die Unternehmen der Lieferanten aufgekauft; im zweiten Falle werden sie in ein Abhängigkeitsverhältnis gezwungen. Die vertikale Konzentration hat den Vorteil der Kostensenkung, wenn z. B. die Gewinnung von Rohstoffen und die Weiterverarbeitung in dem zusammengelegten Produktionsablauf billiger erfolgen können. Damit ist nicht gesagt, daß jede vertikale Konzentration einen Rationalisierungseffekt aufweist.

2) Horizontale Unternehmenskonzentrationen sind Zusammenfassungen von Unternehmen eines Bedarfsmarktes. Sie treten rechtlich in der Form von Einheitsunternehmen (Kartellen und Horizontalkonzernen) auf. Der Unterschied von Horizontalkonzernen und Kartellen besteht darin, daß die Konzernunternehmen zugunsten einer Dachorganisation auf ihre wirtschaftliche Selbständigkeit verzichten, während die Mitglieder von Kartellen meist nur einen Teil ihrer Unternehmensfunktionen auf den Verband delegieren. Dies gilt besonders für den Grenzfall jener Kartelle, die sich lediglich auf die Preisfestsetzungen beschränken. In vielen Fällen werden aber Preisabsprachen durch Absatz- und Produktionskontigentierung (mengenmäßige Beschränkung) ergänzt. Infolgedessen gibt es Kartelle, deren Mitglieder ähnlich wie die Tochtergesellschaften eines Konzerns auf alle wesentlichen Unternehmensfunktionen verzichten. Gliedern sich den Kartellen Einkaufs- oder Verkaufskontore an, spricht man von Syndikaten.

Unternehmen können sich freiwillig zu einem Kartell, Konzern oder Syndikat zusammenschließen; sie können jedoch auch vom Stärksten der Branche oder von der Mehrzahl ihrer Konkurrenten dazu gezwungen werden. Ein Mittel dazu ist der ruinöse Wettbewerb. Das Ziel horizontaler Konzentration kann ebenso die Rationalisierung wie auch die Marktbeherrschung sein. Solange die optimale Betriebs- oder Absatzgröße der einzelnen Unternehmungen nicht erreicht ist, führen solche Konzentrationen auch zur Einsparung von Kosten.

3) Diagonale Unternehmenskonzentrationen bestehen in der Zusammenfassung von Unternehmen, deren Erzeugnisse sowohl produktions- als auch absatzmäßig wenige oder gar keine Gemeinsamkeiten aufweisen. Sie können dazu dienen, die Krisensicherheit zu erhöhen. Wer Güter verschiedener Märkte liefert, wird von einer Absatzkrise, die sich auf die einzelnen Märkte beschränkt, weniger betroffen. Sie können aber auch entstehen, um den Folgen einer Antikonzentrationsgesetzgebung auszuweichen, die horizontale oder vertikale Konzentration erschwert oder verbietet. Durch die Belieferung verschiedener Märkte ergibt sich auch die Möglichkeit, Konkurrenten auf einem Markt unter Verwendung von Gewinnen zu unterbieten, die auf anderen Märkten erzielt werden[1].

Die bisherige Darstellung hat gezeigt, daß es in unserer Wirtschaft Konzentrationen gibt und daß dadurch eine Marktbeherrschung möglich ist. Da wir – wie schon angeführt – von einer Volkswirtschaft ausgehen, in der der Wettbewerb die gesamte Lenkungsfunktion ausübt, ist es verständlich, wenn sich der Staat einschaltet, um Beschränkungen des Wettbewerbs zu verhindern, oder anders formuliert, um Konzentrationen zu bekämpfen.

Die entscheidende Maßnahme der BRD dazu ist das 1957 erlassene ‚Gesetz gegen Wettbewerbsbeschränkung', meist als ‚Kartellgesetz' bezeichnet. Die Tendenz dieses Gesetzes läßt sich an zwei Forderungen deutlich machen. Einmal soll der Wettbewerb gegenüber dem Mißbrauch der Vertragsfreiheit geschützt werden. § 1 besagt u. a., daß Verträge unwirksam sind, wenn dadurch der Wettbewerb beschränkt wird. Die zweite wesentliche Forderung betrifft

---

[1] Diese Ausführungen wurden zum Teil übernommen aus: Arndt, W.: Macht, Konkurrenz und Demokratie, aus Konzentration ohne Kontrolle, hrsg. von Grosser, D., Köln/Opladen 1970, S. 32 f.

die ‚marktbeherrschenden' Unternehmen, soweit sie ihre Stellung mißbräuchlich ausnützen (§ 17). Auch hier kann die Kartellbehörde Verträge dieser Art für unwirksam erklären. Darüber hinaus hat sie die Möglichkeit, Ordnungswidrigkeiten mit Geldbußen zu ahnden (§ 31).
Für die folgende Problematisierung unseres Themas ist es wichtig zu wissen, daß dieses Gesetz eine Fülle von Ausnahmen zuläßt, so daß Kritiker es ironisch mit einem Schweizer Käse vergleichen. Die Ausnahmen erstrecken sich im wesentlichen auf:
1. fast alle Körperschaften des öffentlichen Rechts,
2. auf staatlich geschützte Monopole.
Außerdem gelten Ausnahmen, differenziert nach einem komplizierten System der Erlaubnisformen, für eine große Zahl von Kartellen, z. B. Konditions-, Rabatt-, Export-, Rationalisierungs- und Strukturkrisenkartelle. Bei der Vielzahl dieser Ausnahmen muß man darauf hinweisen, daß die für den Wettbewerb besonders gefährlichen Kartelle (Kartelle höherer Ordnung), wie z. B. Preis-, Kontingentierungs- und Gebietskartelle, nicht unter diese Ausnahme fallen. Jedoch bleibt grundsätzlich die Skepsis bestehen, ob dieses Gesetz in Verbindung mit anderen Verordnungen ausreicht, um eine wesentliche Wettbewerbsbeschränkung und damit eine gefährliche Konzentration zu verhindern.

Kontrollfragen

1. Was versteht man unter wirtschaftlicher Konzentration? (Benutzen Sie dazu die statistischen Zahlen (Einführung) a, b, c!) – 2. Nennen Sie die wichtigsten Gründe, die zur wirtschaftlichen Konzentration führen! – 3. Worin bestehen die Unterschiede in der Konzentrationspolitik bei einer marktwirtschaftlichen und einer zentral gelenkten Wirtschaft? – 4. Von welchen Prämissen geht das Modell der Marktwirtschaft aus? – 5. Beschreiben Sie die wichtigsten Marktformen! – 6. Wodurch unterscheiden sich die vertikale, horizontale und die diagonale Unternehmenskonzentration?

Arbeitsvorschlag

Wie beurteilen Sie den Grad der wirtschaftlichen Konzentration in der Bundesrepublik? Werten Sie dazu die in der Einführung dargestellten Statistiken aus!

2.2.3. Problematisierung

Die Kritik an der wirtschaftlichen Konzentration kommt aus verschiedenen, zum Teil gegensätzlichen Richtungen. Wir meinen damit die marxistisch-leninistische auf der einen und die liberalistische auf der anderen Seite. Schließlich gibt es noch eine Kritik, die nicht an einem bestimmten System orientiert ist, die sich prinzipiell mit dem Problem der Machtkonzentration auseinandersetzt.

1. a) Die marxistische bzw. neomarxistische Kritik fußt auf der Akkumulationstheorie, die ihrerseits wieder in einem direkten Zusammenhang mit der Mehrwerttheorie, der Theorie von der fallenden Profitrate und der Verelendungstheorie steht. Nach Karl Marx teilt der Kapitalist mit dem Schatzbildner den absoluten Bereicherungstrieb. Was aber bei diesem als individuelle Manie erscheint, ist beim Kapitalisten die Wirkung des gesellschaftlichen Mechanismus, worin er ein Triebrad ist. Der Kapitalist verwandelt den größten Teil seines Mehrwertes in zusätzliches Kapital, aus dem wieder Mehrwert und damit eine neue

Kapitalvergrößerung entsteht. Dieser Akkumulationsprozeß ist nach Marx die Triebkraft der kapitalistischen Entwicklung. Zur Beurteilung der Akkumulationstheorie muß noch ergänzt werden, daß nach Marx nur der Teil des Kapitals wächst, der aus dem sogenannten ‚konstanten Kapital' besteht, dies sind die Produktionsmittel, wie Maschinen, Betriebsausstattung usw., während der Anteil, der für die Arbeitslöhne ausgezahlt wird – das ‚variable Kapital' – ständig abnimmt. Vereinfacht dargestellt, bedeutet das, daß die Profitrate (Mehrwert, gemessen an dem aufgebrachten Gesamtkapital) sinkt. Dadurch werden die kleineren Betriebe zunehmend konkurrenzunfähiger und gehen zugrunde. Die Konzentration der großen, der eine ständig wachsende Zahl von Lohnabhängigen gegenübersteht (Anwachsen der industriellen Reservearmee) setzt sich in verstärktem Maße fort[2].

Ähnliche Vorstellungen vertritt der Neomarxist Paul M. Sweezy in seinem Buch ‚Theorie der kapitalistischen Entwicklung'.

b) „Der Wunsch des Kapitalisten, den seiner Kontrolle unterstehenden Wert auszudehnen (Kapital zu akkumulieren), entspringt seiner besonderen Position in einer bestimmten Organisationsform der sozialen Produktion. Der Kapitalist ist Kapitalist und nur insoweit eine bedeutende Figur in der Gesellschaft, wie er Eigentümer und Repräsentant von Kapital ist. Ohne sein Kapital würde er ein Nichts sein. Aber Kapital hat nur eine einzige Qualität, die seiner Größe, und daraus folgt, daß ein Kapitalist von anderen nur durch die Größe unterschieden werden kann. Der Eigentümer einer großen Menge von Kapital steht höher auf der sozialen Stufenleiter als der Eigentümer einer kleinen Menge: Prestige und Macht werden auf den quantitativen Maßstab von Dollars und Cents reduziert. Erfolg in der kapitalistischen Gesellschaft besteht also darin, daß man seinem Kapital neues hinzufügt. ‚Die Akkumulation ist Eroberung der Welt des gesellschaftlichen Reichtums. Sie dehnt mit der Masse des exploitierten Menschenmaterials zugleich die direkte und indirekte Herrschaft des Kapitalisten aus.' (Marx, Kapital I, S. 622.) Wenn der Anstoß zur Akkumulation gegeben ist, tritt ein zusätzlicher verschärfender Faktor in die Motivation des Kapitalisten ein. Der größte Betrag am Mehrwert und also die größte Macht zur Akkumulation geht auf den Kapitalisten über, der die fortschrittlichsten und wirksamsten technischen Methoden benutzt; daher ist das Bemühen um Verbesserungen allgemein verbreitet. Aber neue und bessere Produktionsmethoden erfordern erhöhte Kapitalinvestitionen und machen bestehende Produktionsmittel altmodisch und wertlos. ‚Außerdem macht die Entwicklung der kapitalistischen Produktion eine fortwährende Steigerung des in einem industriellen Unternehmen angelegten Kapitals zur Notwendigkeit, und die Konkurrenz legt jedem individuellen Kapitalisten die immanenten Gesetze der kapitalistischen Produktionsweise als äußere Zwangsgesetze auf. Sie zwingt ihn, sein Kapital fortwährend auszudehnen, um es zu erhalten, und ausdehnen kann er es nur vermittels progressiver Akkumulation.' (Karl Marx, a.a.O. I, 621/22.) Wir sehen daß die Marxsche Analyse die Kapitalakkumulation der spezifisch historischen Form der kapitalistischen Produktion zuweist. Der Weg zum Erfolg und zur sozialen Vorrangstellung führt über die Akkumulation, und wer die Jagd nicht mitmachen will, läuft Gefahr, ganz auszuscheiden."

Paul M. Sweezy: Theorie der kapitalistischen Entwicklung. Frankfurt/Main 1971, S. 100/101.

2. Für Walter Eucken, einen Vertreter des Neoliberalismus, ist die Herstellung eines funktionsfähigen Preissystems das wirtschaftsverfassungsrechtliche Grundprinzip[3]. Als erster Grundsatz für die Wirtschaftspolitik gilt die Aufgabe des Staates, die wirtschaftlichen Machtgruppen aufzulösen oder ihre Funktionen zu begrenzen. Während bei Karl Marx das Eigentum an Produktionsmitteln letzter und vollendetster Ausdruck der Erzeugung und Aneignung der Produkte ist und auf Klassengegensätzen und auf

---

[2] Marx, K.: Das Kapital, Bd. 1, Berlin 1962, S. 618 u. S. 673/74.
[3] Eucken, W.: Grundsätze der Wirtschaftspolitik. Hamburg 1959, S. 160.

der Ausbeutung der einen durch die anderen beruht[4], stellt Eucken das Eigentum in einen notwendigen Zusammenhang zur Wettbewerbsordnung: „Wie also Privateigentum an Produktionsmitteln eine Voraussetzung der Wettbewerbsordnung ist, so ist die Wettbewerbsordnung eine Voraussetzung dafür, daß das Privateigentum an Produktionsmitteln nicht zu wirtschaftlichen und sozialen Mißständen führt."[5]

3. Aus einer anderen Sicht beurteilt Galbraith die Unternehmenskonzentration:

„Die Wirtschaftswissenschaftler stritten sich einst über den Grund für den großen Umfang der modernen Kapitalgesellschaft. Liegt es daran, daß nur riesige Firmen die wirtschaftlichen Vorteile der modernen Massenproduktion großen Stils ausnutzen können? Oder – um es geradeheraus zu sagen – liegt es vielleicht daran, daß der Großbetrieb auf seinem Marktsektor ein Monopol auszuüben wünscht? Die vorliegende Untersuchung gibt beiden Seiten teilweise recht. Die Firma muß groß genug sein, um den riesigen Kapitalaufwand moderner Technologie bewältigen zu können. Sie muß auch groß genug sein, um ihre Märkte zu kontrollieren. Doch aus diesem Gesichtspunkt heraus lassen sich auch Dinge erklären, die von älteren Darstellungen nicht hinreichend erläutert werden. Zum Beispiel die Tatsache, daß General Motors nicht nur groß genug ist, um ein Automobilwerk optimaler Größe unterhalten zu können, sondern daß es sich ein Dutzend oder mehr solcher Werke optimaler Größe leisten kann; warum die Firma groß genug ist, um so unterschiedliche Artikel wie Flugzeugtriebwerke und Kühlschränke herzustellen, was sich aus der Wirtschaftlichkeit der Massenproduktion heraus nicht erklären läßt; und warum sich der Verbraucher nicht ernstlich darüber beklagt, ausgenutzt zu werden, obgleich die Firma groß genug ist, um auf dem Markt die Macht eines Monopols auszuüben. Die Firmengröße von General Motors steht im Dienste nicht des Monopols und nicht der Wirtschaftlichkeit der Massenfertigung, sondern der Planung. Und für diese Planung – Kontrolle von Angebot und Nachfrage, Bereitstellung von Kapital und Verringerung des Risikos – gibt es keine klar gezogene obere Grenze für die wünschenswerte Betriebsgröße. Es wäre möglich, daß es hier heißt: je größer, um so besser. Die Betriebsform der Kapitalgesellschaft kommt diesem Erfordernis entgegen. Sie erlaubt es offenbar einer Firma, sehr, sehr groß zu werden."

J. K. Galbraith: Die moderne Industriegesellschaft. München/Zürich 1968, S. 93/94.

4. Einen anschaulichen Vergleich der den beiden Wirtschaftssystemen zugrundeliegenden Modellvorstellungen gibt Elisabeth Liefmann-Keil:

„Für die Modelle der beiden geschilderten Idealsysteme wird angenommen, daß einzelwirtschaftliche Macht weder in der zentralgeleiteten Wirtschaft entstehen könnte noch in der Marktwirtschaft entstehen dürfte. In der Zentralverwaltungswirtschaft soll es keine einzelwirtschaftlichen Machtpositionen geben, weil kein Privateigentum zugelassen ist. In der Marktwirtschaft soll die allgemeine Verwirklichung von Konkurrenz das Entstehen solcher Machtpositionen verhindern. Jedoch – beide Systeme sind Utopien. Daher gibt es in der Wirklichkeit hier wie dort Versuche, wirtschaftliche Macht zu gewinnen und auszuüben."[6]

5. Helmut Arndt gibt in seinem Beitrag: ‚Macht, Konkurrenz und Demokratie' folgende Gründe für eine Kontrolle der wirtschaftlichen Konzentration an:

„1. um zu vermeiden, daß produktive Konzentrationen durch unproduktive verhindert werden,
2. um generell produktive Konzentrationen zu fördern,

---

[4] Marx, K.: Manifest der Kommunistischen Partei, Teil II, zit. nach Borkenau: Karl Marx, Frankfurt 1956, S. 110.
[5] Eucken, W.: Grundsätze der Wirtschaftspolitik. Hamburg 1959, S. 169.
[6] Liefmann-Keil, E.: Einführung in die politische Ökonomie. Freiburg 1964, S. 144.

3. um private Macht zu neutralisieren,
4. um die Konzentration von privater Macht zu verhindern,
5. um zu erreichen, daß die Unternehmerwirtschaft der Allgemeinheit dient und nicht zum Selbstzweck wird,
6. um festzustellen, wo mit der Konkurrenz die Unternehmerschaft versagt."[7]

Zur öffentlichen Kontrolle werden neben dem schon erwähnten Gesetz gegen die Wettbewerbsbeschränkung folgende Maßnahmen empfohlen:

1. Zwang zur Offenlegung von Konzentrationsbewegungen,
2. Bessere Information der Verbraucher über Preis und Qualität der Waren,
3. Ergänzung der Kontrolle der Unternehmenskonzentration durch Maßnahmen gegen einseitige Einkommens- und Vermögenskonzentration.[8]

Aufgabenstellung

1. Machen Sie eine Aufstellung der Vor- und Nachteile der wirtschaftlichen Konzentration und vergleichen Sie beide Seiten! – 2. Welche Gründe kann es für einen Staat geben, bestimmte Monopole zu schützen und bestimmte Kartellformen zu erlauben. – 3. Nehmen Sie Stellung zu den verschiedenen Auffassungen über wirtschaftliche Konzentration! – 4. Wo liegt nach Ihrer Ansicht die eigentliche Gefahr der wirtschaftlichen Konzentration für den Staat? – 5. Inwieweit lassen sich die kritischen Analysen von Marx und Sweezy auf die Situation in der Bundesrepublik übertragen? – 6. Nehmen Sie Stellung zu den von Helmut Arndt vorgelegten Gründen und Möglichkeiten einer Kontrolle der wirtschaftlichen Konzentration!

2.3. Die moderne Industriegesellschaft wird mit dem Schlagwort „Konsumgesellschaft" gekennzeichnet

2.3.1. Hinführung

Das Schlagwort ‚Konsumgesellschaft' als Kennzeichen für westliche Industrieländer und die damit im Zusammenhang stehenden Schlagwörter ‚Wohlstands- und Überflußgesellschaft' bedeuten nicht nur eine Provokation, sondern sie umreißen blitzlichtartig einen Wandel, den man – um beim Schlagwort zu bleiben – mit der Parole ‚Von der Produktionsgesellschaft zur Konsumgesellschaft' beschreiben kann. Damit entsteht das Problem, wie die in Massen produzierten Güter abgesetzt werden können. Es beginnt der Wettlauf zwischen Ausstoß und Absatz.
Die Beurteilungen des Phänomens Konsumgesellschaft sind widersprüchlich. Die einen sprechen von Konsumfreiheit (Kunde als König), die anderen vom Konsumzwang (Kunde als Sklave).

---

[7] Arndt, W.: a.a.O., S. 77 f.
[8] Konzentration ohne Kontrolle, hrsg. Grosser, Köln/Opladen 1970, S. 20 f.

Die Industriegesellschaft wird mit dem Schlagwort „Konsumgesellschaft" gekennzeichnet

Man zitiert den Satiriker Karl Kraus, der prophezeite: „Im Sagenkreis des Deutschtums wird dereinst ein großes Durcheinander entstehen zwischen Kyffhäuser und Kaufhäuser"[1]; oder den Satz von Hans Freyer: „Der Lebensstandard ist der Gott dieses Zeitalters und die Produktion sein Prophet"[2]. Von der einen Seite wird man belehrt, daß die Kommerzialisierung der Angebots- und Vertriebsform in keinem Kausalitätsverhältnis zu deren Qualität und Genußwert stehe, sondern es vielmehr auf die Wertschätzung des Gebotenen durch den Besitzer ankomme[3]. Von der anderen Seite wird vom Fetischismus gesprochen, der den Arbeitsprodukten anklebt, sobald sie als Ware produziert werden[4]. Ähnliche widersprechende Ansichten hören wir auch über die „konsumstimulierende" oder „konsummanipulierende" Werbung. Für die einen erhält die Werbung eine nachhaltige Bedeutung für die Gestaltung der modernen Konsumgesellschaft[5], für die anderen ist sie der ‚geheime Verführer'[6].

„Wir sollen eben, wie es treffend heißt, dazu gebracht werden, Geld, das wir nicht besitzen, für Dinge auszugeben, die wir nicht brauchen, um damit Leuten zu imponieren, die wir nicht leiden können." (aus Wolfgang Menge: Der verkaufte Käufer – Die Manipulation der Konsumgesellschaft)

2.3.2. Information

Für den Wirtschaftswissenschaftler ist das Problem der Konsumtion in das Verhältnis zwischen Bedürfnis und Bedürfnisbefriedigung mittels der Produktion und der Bereitstellung von Gütern eingespannt. Von daher wird auch der Vorgang des Wirtschaftens verstanden, nämlich die anscheinend unbegrenzbaren Bedürfnisse der Menschen mit der Knappheit der Güter in Einklang zu bringen.

Die Schwierigkeit einer Analyse der Bedürfnisse liegt darin, daß sie individuell verschieden sind, dem Wandel unterliegen und mit ökonomischen Maßstäben alleine nicht zu erfassen sind. Das Bedürfnis nach lebensnotwendiger Nahrung, Kleidung und Wohnung (Existenzbedürfnisse) ist dringlicherer Natur als z. B. das Bedürfnis nach Reisen, Lektüre usw. (Kulturbedürfnisse). Die unterschiedliche Bewertung der Bedürfnisse wird sichtbar bei einem Vergleich zwischen verschiedenen Gesellschaften (z. B. zwischen der indischen und der deutschen Gesellschaft) oder innerhalb einer Gesellschaft (z. B. zwischen Unterschicht und Oberschicht). Ihr Wandel wird uns vor Augen geführt, wenn wir die Gewohnheiten und Sitten verschiedener Epochen Revue passieren lassen.

Außerdem unterscheidet der Wirtschaftswissenschaftler zwischen individuellen und kollektiven Bedürfnissen, eine Unterscheidung, die im Rahmen der Gesellschaftspolitik von Wichtigkeit ist (siehe Kap. 2.4.). Wir können die Bedeutung der Bedürfnisse nicht richtig erfassen, wenn wir ihren gesellschaftlichen Hintergrund übersehen. Der holländische Soziologe Ernest Zahn stellt die wichtigsten gesellschaftlichen Bezugspunkte zusammen:

1. Sofern von einzelnen Bedürfnissen die Rede sein kann, existieren diese nicht als isolierte

---

[1] Zitiert nach Zahn, E.: Soziologie der Prosperität. München 1964, S. 33.
[2] Freyer, H.: Theorie..., a.a.O., S. 91.
[3] Zahn, a.a.O., S. 36.
[4] Sweezy, P.: Theorie der kapitalistischen Entwicklung. Frankfurt/M., S. 50.
[5] König, R.: a.a.O., S. 522.
[6] Der Titel des Buches von Vance Packard: Die geheimen Verführer.

Größen. Sie sind in die jeweiligen Lebensverhältnisse verflochten und von der Verfassung der Gesellschaft abhängig, auf die sie ihrerseits wieder miteinwirken.
2. Es gibt keine rein natürlichen Bedürfnisse nach Nahrung, Kleidung, Wohnung usw. Es handelt sich immer um Bedürfnisse nach bestimmten Formen des Speisens, Gekleidetseins, des Wohnens usw., d.h. um kulturelle Prägungen.
3. Da der Mensch im Unterschied zum Tier ein Bewußtsein seiner Vergangenheit besitzt, sind seine Bedürfnisse auch nicht einfach solche des Augenblicks. Sie sind nicht nur auf sofortige Befriedigung ausgerichtet, vielmehr bestimmt von Planungen und Erwartungen, von Erfahrungen aus der Vergangenheit und einer Vorsorge für die Zukunft.
4. In ihrer Bestimmung, vor allem durch die Planung der Zukunft, sind die Bedürfnisse nicht nur solche des Individuums, sondern solche einer Gruppe, z. B. der Familie, des Freundeskreises und des Staates, wobei die Art des Existenzerwerbs, der soziale Status, moralische Leitideen und andere Faktoren von Einfluß sind[7].

Da, wie schon erwähnt, Güterknappheit besteht, ist das Problem des Konsums ein Problem der Wahl und der Wertung. Der Konsument muß entscheiden, welche Bedürfnisbefriedigung für ihn am dringlichsten ist, d. h., er muß eine entsprechende Rangordnung des Bedarfs aufstellen. Den Zwang der Knappheit erlebt der Konsument durch die Begrenzung der zur Verfügung stehenden Kaufkraft in der Form des Einkommens.

Für die Einkommensverwendung lassen sich bestimmte Gesetzmäßigkeiten im Verhalten der Menschen feststellen, die große wirtschafts- und sozialpolitische Bedeutung besitzen, wie z. B. die im Engel-Schwabschen Gesetz erfaßte Tatsache, daß der relative Anteil der Ausgaben für Nahrung und Wohnung, gemessen an den Gesamtausgaben, um so höher ist, je geringer das Einkommen einer Familie ist.

Zwischen Zwei-Personen-Haushalten von Renten- und Sozialhilfeempfängern mit geringem Einkommen (Haushaltstyp 1), Vier-Personen-Arbeitnehmerhaushalten mit mittlerem Einkommen (Haushaltstyp 2) und Vier-Personen-Haushalten von Beamten und Angestellten mit höherem Einkommen (Haushaltstyp 3) bestehen beträchtliche Unterschiede im Verbraucherverhalten.

Ausgaben für den privaten Verbrauch je Haushalt und Monat 1972

Ausgabeart	Haushaltstyp 1		Haushaltstyp 2		Haushaltstyp 3	
	DM	%	DM	%	DM	%
Nahrungs- und Genußmittel	261,95	42,2	436,25	33,3	552,00	25,5
Bekleidung, Schuhe	49,32	7,9	143,37	10,9	218,94	10,1
Wohnungsmiete	127,64	20,6	209,09	15,9	313,65	14,5
Elektrizität, Gas, Brennstoffe	42,34	6,8	57,65	4,4	75,14	3,5
Übrige Güter für Haushaltsführung	56,40	9,1	128,38	9,8	241,34	11,1
Güter für Verkehr, Nachrichten	24,29	3,9	138,64	10,6	334,41	15,4
Körper- und Gesundheitspflege	22,17	3,6	45,68	3,5	123,30	5,7
Bildung und Unterhaltung	26,04	4,2	105,31	8,0	192,14	8,9
Persönliche Ausstattung, sonstige Güter	10,67	1,7	47,14	3,6	113,97	5,3
Ausgaben für den privaten Verbrauch	620,82	100	1 311,51	100	2 164,89	100

Quelle: Statistisches Jahrbuch 1973, S. 494–497.

[7] Zahn, E.: a.a.O., S. 54 f.

Die Industriegesellschaft wird mit dem Schlagwort „Konsumgesellschaft" gekennzeichnet

Einkommen und Verbrauchsausgaben aller privater Haushalte (monatlicher Durchschnitt) in der BRD

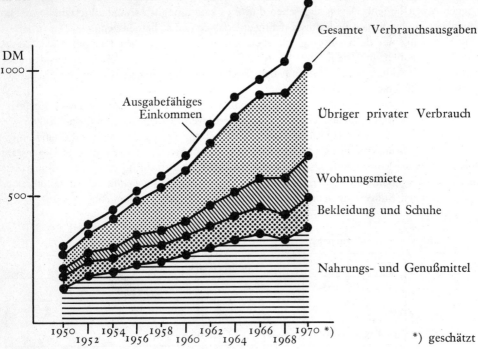

Deutsches Industrieinstitut, Juli 1971.

Insgesamt gesehen ist der private Verbrauch von folgenden Faktoren abhängig:
1. von den Einkommensverhältnissen der einzelnen privaten Haushalte,
2. von den Einstellungen und Erwartungen der Verbraucher zur gesamtwirtschaftlichen Lage,
3. von den Einstellungen und Erwartungen der Verbraucher zur Markt- und Preisentwicklung,
4. von den Kaufabsichten bezüglich dauerhafter Gebrauchsgüter,
5. von den Sparabsichten.

Der wichtigste der oben genannten Faktoren ist ohne Zweifel das zur Verfügung stehende Einkommen, das die Voraussetzung für den Lebensstandard und damit zugleich die materielle Basis für das „Lebensglück" des einzelnen darstellt.

Das Problem der Verteilung des Sozialprodukts ist eines der schwierigsten Probleme der Wirtschafts- und Sozialpolitik. Im streng funktionalen Sinn wäre das Problem leicht mit der Forderung zu lösen: Der Anteil am Sozialprodukt soll dem Anteil entsprechen, der bei der Erstellung des Sozialprodukts geleistet wurde. Auch wenn es möglich wäre, den jeweiligen Anteil der Produktionsfaktoren und ihre Aufteilung auf die einzelnen Träger statistisch zu erfassen, würde uns diese Lösung kaum befriedigen, denn das Problem läßt sich nicht nach rein ökonomischen Maßstäben angehen.

Es besteht zwar eine Alternative zwischen der Anwendung des Leistungs- und des Bedarfsprinzips, aber es läßt sich zeigen, daß die Lösung nach den bisherigen Erfahrungen – auch in Ländern mit einem anderen Wirtschafts- und Gesellschaftssystem – in einem Kompromiß beider Prinzipien zu suchen ist.

Eine Einkommensverteilung nur nach Bedarf empfänden die meisten Menschen unserer Gesellschaft als ungerecht, weil nach ihrer Ansicht ein Recht des Menschen auf den Ertrag seiner eigenen Arbeit besteht. Davon abgesehen dürfte es kaum möglich sein, die Vielzahl der unterschiedlichen individuellen Bedürfnisse richtig zu erfassen und zu befriedigen.

Eine Verteilung nur nach Leistung gilt ebenso als ungerecht, weil die tatsächliche Ungleichheit der Menschen im Hinblick auf Leistungsfähigkeit, Geschlecht, Alter, Familienstand usw. sich nicht in Deckung bringen läßt mit dem Recht aller auf Existenzsicherung und einer angemessenen Teilnahme an den Kulturgütern.

Der Kompromiß zwischen beiden Prinzipien bedeutet eine Verteilung nach dem Bedarfsprinzip, die das Existenzminimum und eine angemessene Bewertung wesentlicher Unterschiede wie Alter, Invalidität, Familienstand usw. berücksichtigt. Darüber hinaus bleiben auf Grund unterschiedlicher Leistungen und Fähigkeiten Einkommensunterschiede und damit auch Gegensätze bestehen. Dieser Kompromiß kann in einer Marktwirtschaft nicht durch die Verteilung über die Märkte vorgenommen werden; er wird vom Staat durch die sogenannte Umverteilung über Sozialleistungen, Subventionen und unterschiedliche Besteuerung ermöglicht.

Die Verteilung des Volkseinkommens

	Bruttoeinkommen aus			
		Unternehmertätigkeit und Vermögen		
			davon aus	
	unselbständiger Arbeit	insgesamt	Vermögen[1]	Unternehmertätigkeit
	in Milliarden DM / Veränderung in %	in Milliarden DM / Veränderung in %	in Milliarden DM / Veränderung in %	in Milliarden DM / Veränderung in %
1950[2]	(44,1) —	31,1 —	(0,7) —	(30,4) —
1960	142,8 —	92,9 —	6,3 —	86,6 —
1961	160,5 +12,4	97,5 + 5,0	8,1 +28,6	89,4 + 3,2
1962	177,5 +10,6	100,0 + 2,5	9,1 +12,3	90,9 + 1,7
1963	190,4 + 7,3	105,3 + 5,3	10,3 +13,2	95,0 + 4,5
1964	208,4 + 9,4	115,8 +10,0	12,0 +16,5	103,8 + 9,3
1965	230,0 +10,3	125,3 + 8,1	14,0 +16,7	111,3 + 7,2
1966	247,6 + 7,6	129,5 + 3,4	17,5 +25,0	112,0 + 0,6
1967	247,9 + 0,1	127,2 − 1,8	20,2 +15,4	107,0 − 4,5
1968	266,3 + 7,4	149,5 +17,6	22,7 +12,4	126,8 +18,5
1969	300,1 +12,7	158,4 + 5,9	26,2 +15,4	132,2 + 4,2
1970	352,1 +17,3	170,2 + 7,5	33,7 +28,3	136,5 + 3,0
Steigerung 1960–1970 in %	+146,5	+83,3	+434,9	+57,7
	in % des Volkseinkommens			
1950	(58,6)	(41,4)	(0,9)	(40,5)
1960	60,6	39,4	2,7	36,7
1961	62,2	37,8	3,1	34,7
1962	64,0	36,0	3,3	32,7

Die Industriegesellschaft wird mit dem Schlagwort „Konsumgesellschaft" gekennzeichnet

	in % des Volkseinkommens			
1963	64,4	35,6	3,5	32,1
1964	64,3	35,7	3,7	32,0
1965	64,7	35,3	3,9	31,4
1966	65,7	34,3	4,6	29,7
1967	66,1	33,9	5,4	28,5
1968	64,0	36,0	5,5	30,5
1969	65,5	34,5	5,7	28,8
1970	67,4	32,6	6,5	26,1

[1] Nach Deutsches Institut für Wirtschaftsforschung.
[2] Bundesgebiet ohne Saarland und Berlin; nicht revidierte Zahlen.
Deutsches Industrieinstitut, Zahlen zur wirtschaftlichen Entwicklung der Bundesrepublik Deutschland 1971. S. 12.

Kontrollfragen

1. Unter welchen unterschiedlichen Gesichtspunkten lassen sich die menschlichen Bedürfnisse darstellen? – 2. Was versteht man unter dem Engel-Schwabschen Gesetz? – 3. Wird die Aussage dieses Gesetzes durch die Statistik (S. 62) bestätigt? Welche gesellschaftspolitischen Auswirkungen ergeben sich daraus? – 4. Von welchen wesentlichen Faktoren hängt der private Verbrauch ab?

Arbeitsvorschläge

1. Wie haben sich die Verbrauchsausgaben im Verhältnis zum Einkommen in den letzten 10 Jahren entwickelt? (Benutzen Sie dazu die Statistik S. 63).
2. Beurteilen Sie die Entwicklung in der Verteilung des Volkseinkommens während der letzten 20 Jahre! (Benutzen Sie dazu die nebenstehende Statistik).
3. Welche Bedingungen müssen – im Modell gesehen – gegeben sein, um die Verteilung des Sozialprodukts bzw. des Volkseinkommens nur nach den Bedürfnissen oder nur nach den Leistungen des einzelnen vornehmen zu können?

2.3.3. Problematisierung

1. Die Befürworter des „kapitalistischen Systems" weisen in der Auseinandersetzung um die beste Wirtschaftsordnung darauf hin, daß mit der Industrialisierung in den kapitalistischen Ländern eine Höhe der Produktion und damit des Konsums erreicht wurde, die sowohl quantitativ als auch qualitativ in vergangenen Epochen und auch in Ländern mit einem anderen Wirtschaftssystem nicht erreicht worden ist. Bei einem solchen Vergleich fällt meist das Wort von der Demokratisierung des Konsums, worunter man eine relativ breite Streuung im Verbrauch und Gebrauch von Luxusgütern in unserer Gesellschaft versteht. Diesen relativ hohen Lebensstandard der gesamten Bevölkerung vergleicht man mit führen Epochen, z. B. der Renaissance, in der nur eine dünne Oberschicht sich einen Konsum von Luxusgütern erlauben konnte.
a) In ähnlicher Weise versucht Ernest Zahn in seinem Buch ‚Soziologie der Prosperität' das Problem des Konsums anzugehen. Für ihn bedeutet die innere Bereitschaft zum Konsum und zum hohen Lebensstandard zugleich eine Bereitschaft zur sozialen Mobilität.

„Der Konsum von Massengütern erlaubt einen Ausgleich zwischen dem Eigentum an Produktions- und Konsumgütern, wobei das Eigentum an Konsumgütern, wie z. B. Rundfunk, Fernsehen, Auto usw., das typische Privateigentum der modernen Industriegesellschaft darstellt ..." „Die Entwicklung zur Mobilisierung des Konsums ist (nach Zahn) in ihrem inneren Wesen gegen die alte Ordnung gerichtet; denn der demokratische, fortschrittliche, massenhafte Konsum ist der Konsum derer, die an der wachsenden Zahl der Zivilisationsgüter mit gleichem Anteil partizipieren wollen und sich dazu ein Recht zuerkennen."[8]

Die mit dem marktwirtschaftlichen System verbundene *Werbung* wird von ihren Vertretern als ein für den Verbraucher notwendiges Mittel angesehen, an Hand dessen sie sich in der Fülle und Vielfalt der auf dem Markt angebotenen Güter informieren und orientieren können (größere Markttransparenz).

Dieser Vorteil für den Kunden rechtfertigt auch zum Teil die hohen Kosten, die durch die Werbung entstehen. Nach Ansicht vieler Unternehmer wird ein Teil dieser Kosten dadurch gedeckt, daß mit Hilfe der Werbung klarere Marktverhältnisse geschaffen werden, womit sich auch das Risiko einer falschen Investitions- und Absatzpolitik verringert.

Dem kritischen Einwand, daß die Kosten für die Werbung den Preis der Ware erhöhen, begegnet man mit dem Hinweis, daß aus Gründen der Marktkonkurrenz nicht alle Werbekosten auf den Preis aufgeschlagen werden; zum anderen würde die durch die Werbung erzielte Steigerung des Absatzes die Kosten pro Stück senken.

b) Aus einer anderen Sicht beurteilt der Soziologe René König die Werbung in seinem Beitrag ‚Die Funktion der Werbung als Stilelement des Massenkonsums‘:

„Auch als Konsument steht der Mensch in zahllosen sozialen Verhältnissen, die nicht nur sein tatsächliches Verhalten, sondern auch seine Erwartungen und Aspirationen bestimmen. Aus diesem sozialen Hintergrund erklären sich überdies seine Einstellungen sowie seine Dispositionen, die ihn geneigt machen, das eine zu akzeptieren, das andere nicht. Speziell in Fällen, wo diese sozialen Beziehungen, insbesondere in den sogenannten Primärgruppen der Familie und am Arbeitsplatz, sehr festgelegt sind, sind auch die Konsumgewohnheiten entsprechend kristallisiert. Gelegentlich nehmen sie fast institutionellen Charakter an und sind durch Werbung überhaupt nicht zu erreichen. Die einzige „Wirkung", die man in solchen Fällen feststellen kann, läßt sich leicht resümieren: Der durch Werbung angesprochene Konsument wird nur das an der Werbung wahrnehmen, wozu er sowieso schon prädisponiert war. Alle übrigen Reize werden einfach übersehen und nicht registriert. Dementsprechend kann von ihnen auch keine Wirkung ausgehen ...

Darüber hinaus ist aber nicht zu leugnen – und damit beginnt die eigentlich soziologische Feststellung –, daß die Werbung in der Konsumgesellschaft zu einem festen Faktor in der Gestaltung des Alltagslebens geworden ist. Ich erblicke die wesentliche Funktion der Werbung heute in der völligen Umgestaltung der äußeren Erscheinung sowohl der Güter für den kurzfristigen Konsum als auch der längerfristigen Gebrauchsgüter vom Kühlschrank bis zum Automobil. Als die Werbung sich mit den Mitteln der modernen dekorativen Künste verband, was sich sehr früh am Anfang des Jahrhunderts in Frankreich („Les arts décoratifs") und bald danach in der Schweiz anbahnte, wo zum Beispiel das Plakat eine ganz außerordentliche künstlerische Ausgestaltung erfuhr, hat ihre Funktion sich völlig verändert. Diese steht heute nicht mehr ausschließlich als ein eigentliches Mittel der Massenkommunikation zwischen der Produktion und dem Kunden, um letzteren aufzufordern, sein Interesse dem entsprechenden Produkt zuzuwenden. Vielmehr hat sich die Werbung angeheftet an das Produkt selbst, indem sie es umgestaltet, in eine ästhetisch moderne Form gebracht hat, die nun für sich selber wirkt. Es ist ein wesentlicher

---

[8] Zahn, E.: a. a. O., S. 63, 75, 81.

Die Industriegesellschaft wird mit dem Schlagwort „Konsumgesellschaft" gekennzeichnet

Charakterzug des modernen Konsums, daß er sich in einer ästhetisch ansprechbaren Form darzustellen versucht, die ihm sozialen Kurswert gibt. Damit erhält die Werbung gleichzeitig eine viel nachhaltigere Bedeutung für die Gestaltung der modernen Konsumgesellschaft. Sie wird von einem Beiwerk zu einem Stilelement. Sie ist nicht mehr ein Mittel der Massenkommunikation, das zwischen das industrielle Produkt und den möglichen Kunden tritt, wobei die Effizienz der Auswirkung ihres Appells äußerst fragwürdig ist. Vielmehr geht jetzt der Appell vom Objekt selber aus, das sich in einer höchst eigenartigen Weise umgestaltet."

René König: Die Funktion der Werbung als Stilelement des Massenkonsums aus ‚Soziologische Orientierungen'. Köln/Berlin 1965, S. 521/22.

c) Für Ernest Zahn sind zwar bestimmte Praktiken der Werbung – wie z. B. in der Pharmazie – verwerflich, doch hat sie prinzipiell gesehen die Aufgabe, die Güter der erreichten Lebensform anzupassen. Eine solche Lebensform kann nur im Rahmen der gesellschaftlichen Bildung als Aufklärung über die soziale und kulturelle Problematik der Konsumentwicklung erreicht werden. Dann wäre Konsumentenverhalten nicht länger „das Aggregat kollektiver Äußerungen manipulierbarer Bedürfnisse in der Massengesellschaft"; es wäre „individuelles Selbstbewußtsein, erstrebte Autonomie im totalen Markt". Der Idee der Wirtschaftsdemokratie ließe sich auf diese Weise neuer Inhalt geben [9].

2. Ein großer Teil der kritischen Äußerungen gegenüber unserer ‚Konsumgesellschaft' zielt auf die Manipulation des Konsums. Überspitzt formuliert heißt dies, daß mit der Herstellung von Massengütern zugleich die dazu notwendigen Bedürfnisse mitproduziert werden. Diese Behauptung wiegt um so schwerer, wenn man die gewaltigen Kosten für Werbung und die meist zweifelhafte Verwertung von tiefen- und massenpsychologischen Forschungsergebnissen im Rahmen der Werbetechnik miteinbezieht.
Galbraith glaubt, daß man erst dann von einem dringenden Bedürfnis sprechen könne, wenn dieses vom Individuum selber ausgehe. Wenn es erst erdacht werden müßte, könnte es auch nicht dringend sein. Er vergleicht eine solche Situation mit der eines Mannes, „der einem Eichhörnchen zuschaut, wie es seine Lauftrommel dreht, und diesem lebhaft applaudiert, weil es versucht, mit der Trommel Schritt zu halten, die es selber antreibt" [10].
Über die Zielstrebigkeit und Hintergründigkeit bestimmter Werbetechniken berichtet der Amerikaner Vance Packard in seinem bekannten Buch ‚Die geheimen Verführer' mit dem Untertitel ‚Der Griff nach dem Unbewußten in jedermann'.

„Auf der Suche nach einer gründlicheren Stellungnahme gegenüber ihren Marketingproblemen stießen die amerikanischen Werbefachleute auf einige ernste Fragen. Sie machten sich Gedanken, warum in aller Welt der Verbraucher so handelt, wie er handelt. Warum kauft er, oder weigert er sich zu kaufen? In dem Bemühen, eine Richtschnur zu bekommen, wandten sie sich an psychologische Berater und ertappten sich selbst bei dem Versuch, jene dunklen unbewußten oder unterbewußten Faktoren zu erkunden und zu erfassen, welche die Menschen leiten. Dabei waren sie nicht nur auf der Suche nach neuen Einsichten, sondern auch, um eine übliche Redensart zu gebrauchen, nach den „Drückern", das heißt dem Knopf, auf den man drücken muß, um eine Handlung auszulösen.
Die Drücker würde man brauchen, sobald die wahren Motivationen erst einmal erkannt wären. Was die Drücker anbelangte, konnte ihnen Clyde Millers Buch *The Process of Persuasion* eine Richtschnur geben, in dem dargelegt wird, daß geschickte Meinungsforscher stets das Wort oder das Bild als Auslöser be-

[9] Zahn, E.: a.a.O., S. 130, 135.
[10] Galbraith, J. K.: Gesellschaft im Überfluß. München 1963, S. 138/39.

nutzen, um gewünschte Reaktionen hervorzurufen. Ist erst ein Reaktionsschema im Sinne der Meinungsforschung einmal festgelegt, dann kann man die Leute haufenweise überzeugen, weil wir alle, wie Professor Miller anführt, „Lebewesen mit bedingten Reflexen" sind. Seiner Ansicht nach liegt die Schwierigkeit aller Überredungsarbeit – ob man alkoholfreie Getränke verkaufen will oder eine politische Philosophie – darin, diese bedingten Reflexe hervorzurufen, indem man als Auslöser wirkende Wörter, Symbole oder Darstellungen aufblitzen läßt ...

Auf der Suche nach besonderen psychologischen Werten, mit denen man die Erzeugnisse anreichern könnte, um ihnen stärkere Anziehungskraft zu verleihen, stießen die kommerziellen Tiefenpsychologen auf viele ergiebige Hinweise, indem sie unsere unterbewußten Bedürfnisse, Verlangen und Begierden unter die Lupe nahmen. War das Verlangen bekannt und als zwingend befunden, bauten sie alsbald das Versprechen seiner Befriedigung in ihre Verkaufsangebote für so grundverschiedene Erzeugnisse ein wie Klimaanlagen, backfertige Kuchenmehle und Motorboote ..."

Packard erläutert diese Werbetechnik an vielen Beispielen, von denen einige schlagwortartig hier angeführt werden:

„Man verkauft keine Tiefkühltruhe, sondern Sicherheit",
„Man verkauft keine Seife, sondern Schönheit",
„Man verkauft keine Hautcreme, sondern Sex",
„Man verkauft keine Lebensversicherung, sondern Unsterblichkeit",
„Man verkauft kein Auto, sondern Prestige".

Vance Packard: Die geheimen Verführer. Düsseldorf 1966, S. 20 u. 58 f.

Die stärkste Kritik an der Manipulation des Menschen durch den Konsum kommt von Herbert Marcuse.

b) „Die Nachsicht gegenüber der systematischen Verdummung von Kindern wie von Erwachsenen durch Reklame und Propaganda ... die ohnmächtige und wohlwollende Toleranz gegenüber Verschwendung und geplantem Veralten von Gütern sind keine Verzerrung und Abweichungen, sondern das Wesen eines Systems, das Toleranz befördert als ein Mittel, den Kampf ums Dasein zu verewigen und die Alternativen zu unterdrücken."[11]

An einer anderen Stelle entwickelt er eine ähnliche Kritik, geht dann auf die Ursachen der Manipulation ein und schlägt Lösungen vor. Dabei unterscheidet er zwischen wahren und falschen Bedürfnissen. Falsch sind diejenigen,

„die den Individuen durch partikuläre und gesellschaftliche Mächte, die an der Unterdrückung interessiert sind, auferlegt werden: diejenigen Bedürfnisse, die harte Arbeit, Aggressivität, Elend und Ungerechtigkeit verewigen."

Für Marcuse sind die Bedürfnisse, die einen uneingeschränkten Anspruch auf Befriedigung haben, die vitalen, wie Nahrung, Kleidung und Wohnung auf dem erreichbaren Kulturniveau. Die letzte Instanz für die Entscheidung, welche Bedürfnisse wahre und welche falsche sind, ist das Individuum selbst. Nach seiner Ansicht ist das Problem gelöst, wenn die materielle Produktion dermaßen automatisiert wird, daß alle Lebensbedürfnisse befriedigt werden und sich die notwendige Arbeitszeit zu einem Bruchteil der Gesamtzeit verringert. Von diesem Punkt an würde der technische Fortschritt das Reich der Notwendigkeit transzendieren[12].

3. Eine Voraussetzung für die Auseinandersetzung mit der Manipulation des Konsumenten ist die Information, auf die dann eine wirksame Verbraucherpolitik aufgebaut werden kann. Aufschluß über den Grad der Informiertheit des Verbrauchers bietet der Bericht des Kölner

[11] Marcuse, H.: Repressive Toleranz in Wolff, Moore, Marcuse, „Kritik der reinen Toleranz". Frankfurt/M., 1966, S. 95 ff.
[12] Marcuse, H.: Der eindimensionale Mensch, a. a. O., S. 25, 36, 266.

Die Industriegesellschaft wird mit dem Schlagwort „Konsumgesellschaft" gekennzeichnet

Instituts für Sozialforschung und Gesellschaftspolitik, der auf Grund einer repräsentativen Umfrage zusammengestellt wurde. Hieraus einige Ergebnisse:

a) Vergleicht man die Resultate älterer und neuerer Untersuchungen, so zeigt sich deutlich, daß sich der Informationsgrad kaum verbessert hat.
Es zeigen sich gruppen- und schichtspezifische Unterschiede im Hinblick auf den Informationsgrad. Einkommens- und bildungsschwache Verbrauchergruppen sind am wenigsten informiert, Gruppen also, die eine ausreichende Marktübersicht auf Grund ihrer wirtschaftlichen Lage am nötigsten hätten.
Der Informationsgrad sinkt außerdem mit steigendem Alter[13].

b) Aus den verschiedenen Schriften der Verbraucherverbände werden im folgenden einige Forderungen für eine bessere Verbraucherpolitik aufgezählt:
1. Die verbraucherpolitischen Maßnahmen sollten dazu beitragen, die Verbraucher in die Lage zu versetzen, von ihrem Recht einer freien Konsumwahl Gebrauch zu machen.
2. Ein wichtiges Element der Konsumfreiheit sollte die freie Wahl der Bezugsquelle darstellen.
3. Freie Wahl der Ware, der Bezugsquelle sowie der Stetigkeit der Versorgung erfordern einen möglichst vollständigen Wettbewerb.
4. Wie alle übrigen Gruppen der Gesellschaft sollten auch die Verbraucher weiterhin das Recht haben, sich frei zusammenzuschließen. Vertreter der Verbraucher sollten in den zuständigen Organen der Wirtschaft mitwirken.
5. Zur Vermeidung gesundheitlicher Schädigung des Konsumenten durch schädliche Stoffe und unsachgemäße Dienstleistungen sollten gesetzliche Schutzvorschriften erlassen werden.
6. Das Zivil- und Strafrecht sollte ausgebaut werden, um die Verbraucher stärker vor Täuschungen zu schützen[14].

Aufgaben

1. Nehmen Sie Stellung zu den Argumenten, die die beiden Parteien (Befürworter und Kritiker des „kapitalistischen Systems") im Hinblick auf den Konsum und die Konsumwerbung anführen! Gehen Sie dabei besonders auf folgende Begriffe ein: Demokratisierung des Konsums, Konsumfreiheit, Manipulation durch Konsum, falsche und echte Bedürfnisse! – 2. Wie stehen Sie zu den Auffassungen über Konsum und Werbung, wie sie von König und Zahn vertreten werden? – 3. Läßt sich die Behauptung widerlegen: Eine Manipulation des Konsumenten ist auf Grund der Autonomie des Menschen nicht oder nur im geringen Maße möglich? (Benutzen Sie dazu den Text von Packard). – 4. Inwieweit sind Sie mit den aufgeführten Forderungen der Verbraucherverbände zum Schutz des Konsumenten einverstanden?
Sind Sie z. B. mit einem Verbot der Werbung einverstanden, soweit diese Güter betrifft, die für die Gesundheit des einzelnen oder der Allgemeinheit schädlich sind, z. B. Werbung für Zigaretten oder für eine bestimmte Benzinmarke?

---

[13] Glöckner, W. H.: Verbraucherpolitik in der Bundesrepublik Deutschland, Beilage zur Wochenzeitung das Parlament, 16. Okt. 1971, S. 4 ff.
[14] „Rechte der Verbraucher", Schriften der Verbraucherverbände, Heft 1, Bonn 1960.

2.4. Die moderne Industriegesellschaft ist gekennzeichnet durch die wachsende Verflechtung von Staat und Wirtschaft

2.4.1. Hinführung

Schon zu Ende des 19. Jahrhunderts bemerkte der deutsche Finanzwissenschaftler Adolph Wagner (1835–1917) eine ständige Zunahme der staatlichen Aufgaben und charakterisierte diese Erscheinung als ‚das Gesetz von der steigenden Staatstätigkeit'. Man kann diese Gesetzmäßigkeit u. a. durch eine Untersuchung des staatlichen Anteils am Sozialprodukt belegen. Der staatliche Anteil stieg von ungefähr 10% des Bruttosozialprodukts am Ende des 19. Jahrhunderts auf fast 40% im Jahre 1970.
Einen anderen Beweis für die zunehmende Staatstätigkeit – hier auf den Bereich der Wirtschaft beschränkt – haben wir schon bei der Kontrolle der wirtschaftlichen Konzentration (im Kap. 2.2.) kennengelernt, z. B. in der Form des Gesetzes gegen Wettbewerbsbeschränkung.
Ein weiteres Indiz für diese Entwicklung ist in der Globalsteuerung zu sehen, die u. a. in dem sogenannten Stabilitätsgesetz zum Ausdruck kommt.
Noch eindrucksvoller wird der zunehmende Einfluß des Staates durch den sprunghaften Anstieg der Aufgaben sichtbar, die wir etwa mit sozialer Sicherheit, Umweltschutz und Verbesserung der Infrastruktur umschreiben können. Da zur Bewältigung dieser Aufgaben gewaltige Ausgaben entstehen, wächst auch entsprechend der Anteil der staatlichen Macht in Wirtschaft und Gesellschaft.

2.4.2. Information

Aus der Vielzahl der Ursachen, die nach Ansicht der Fachleute zu einer wachsenden Verflechtung von Staat und Wirtschaft führen, sollen hier einzelne herausgegriffen werden, die selbstverständlich auch untereinander in Wechselwirkung stehen.
Ein Vergleich mit vergangenen Epochen zeigt, daß sich die Bedeutung der Wirtschaft insgesamt im gesellschaftlichen Leben vergrößert hat. Diese Entwicklung wird u. a. an folgenden Symptomen deutlich:
1. Wirtschaftliche und wirtschaftspolitische Sachverhalte und Probleme berühren in stärkerem Maße das Bewußtsein der Menschen. (Beispiel: Der Anteil wirtschaftlicher und wirtschaftspolitischer Informationen innerhalb der Massenmedien steigt.)
2. Die Wirtschaftspolitik gewinnt im Rahmen der Gesamtpolitik eine größere Bedeutung (Beispiel: Das Ressort des Wirtschaft- und Finanzministers hat ein wachsendes Gewicht innerhalb des Kabinetts.)
3. Die herrschenden Ideologien beruhen im Vergleich zu denen vergangener Geschichtsepochen in stärkerem Maße auf ökonomischen Grundlagen. (Beispiel: Kommunismus und Wirtschaftsliberalismus.)
Eine weitere Ursache für die zunehmenden Beziehungen zwischen Staat und Wirtschaft wird ersichtlich, wenn wir die Modelle der beiden Wirtschaftssysteme in einer ihrer wesentlichsten Voraussetzungen – der Planung – miteinander vergleichen. Es bedarf eigentlich kaum der Erwähnung, daß Wirtschaften grundsätzlich Planen voraussetzt und somit der Ausdruck Plan-

wirtschaft für die zentral gelenkte Wirtschaft im Unterschied zur Marktwirtschaft irreführend ist. Das Entscheidende ist also nicht, daß geplant wird, sondern wer plant und wo geplant wird.
Im Modell gesehen, bildet bei der marktwirtschaftlichen Ordnung die individuelle Entscheidungsmöglichkeit und bei der zentralgelenkten Wirtschaft der Staat die Grundlage für die Planung. Bei jeder Planung sind einzelne Teilpläne miteinander zu koordinieren. Diese Koordination ist je nach Wirtschaftssystem verschieden. So können grundsätzlich drei Arten der Plankoordination unterschieden werden:
1. Die Planung gleicht einer Vorschrift.
2. Die Koordination wird über die Märkte mit Hilfe der Preisbildung erreicht.
3. Die Koordination erfolgt durch Aushandeln zwischen verschiedenen Machtpositionen, Behörden und Verbänden[1].
In westlichen Industriegesellschaften finden wir eine Mischform zwischen der 2. und 3. Plankoordination. Auf der einen Seite gibt es Märkte, z. B. für industrielle Verbrauchsgüter, bei denen die Koordination zum größten Teil über die Preisbildung auf dem Markt erfolgt, auch wenn der Wettbewerb zum Teil eingeschränkt ist; auf der anderen Seite geschieht die Koordination durch Aushandeln zwischen verschiedenen Interessensverbänden, so z. B. zwischen den Sozialpartnern auf dem Arbeitsmarkt oder zwischen Bundesbank und Regierung auf dem Kapital- und Geldmarkt.
Darüber hinaus wird ein Trend sichtbar, der den Spielraum der freien Kräfte auf dem Markt immer stärker einengt. In ein Bild übertragen, stellt sich dies so dar:

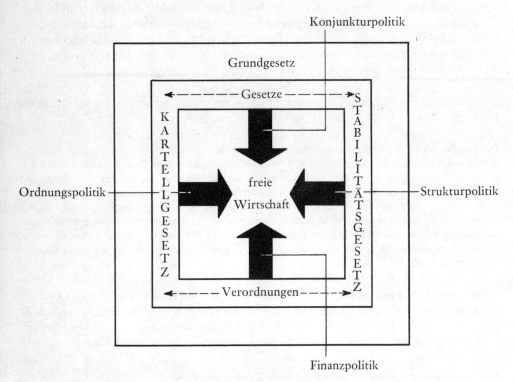

[1] Liefmann-Keil, E. a. a. O., S. 42.

Die Industriegesellschaft unter ökonomischem Aspekt

Den äußeren Rahmen des staatsfreien Wirtschaftsraumes bildet die Verfassung (Grundgesetz) in ihren wirtschafts- und gesellschaftspolitisch relevanten Artikeln (z. B. Artikel 912, 14, 15). Die sich zur Mitte hin anschließenden Rahmen sind die einschlägigen Gesetze, die oft auch als Gesetze der Wirtschaftsverfassung bezeichnet werden, nämlich das Kartell- und das Stabilitätsgesetz. In den so eingeengten Raum der ‚freien Wirtschaft' greift der Staat gezielt ein mit seiner Konjunktur-, Struktur- und Finanzpolitik. Dies wird deutlich, wenn wir z. B. das starke Anwachsen des öffentlichen Haushalts betrachten. Hier tritt der Staat auf den verschiedenen Märkten sowohl als Nachfrager als auch als Anbieter in seiner starken Marktposition auf. Außerdem erfüllt er als Umverteiler des Sozialprodukts (siehe Kap. 2.3.3.) eine außerordentlich wichtige wirtschafts- und gesellschaftspolitische Funktion.

Ein anschauliches Beispiel für die stärkere Zentralisierung der Wirtschaftspolitik und Koordinierung auf Bundesebene stellt das oben erwähnte Stabilitätsgesetz dar. Zehn Jahre nach Inkrafttreten des Gesetzes gegen Wettbewerbsbeschränkung wurde dieses Gesetz („Gesetz zur Förderung der Stabilität und des Wachstums der Wirtschaft") erlassen. Im Vorwort der Broschüre zu diesem Gesetz wird auf die Meinung der Fachleute hingewiesen, wonach man an einem Punkt angelangt sei, wo die Selbstheilungskräfte der Wirtschaft nicht mehr genügten, um eine inflationäre Preisentwicklung oder eine wirtschaftliche Stagnation zu verhindern. Auch die geldpolitischen Steuerungsmittel der Bundesbank wirkten nicht mehr durchschlagend genug; zudem fehle es an einer ausreichenden Koordination der Haushalte von Bund, Ländern und Gemeinden[2].

Neben Einrichtungen wie der ‚Konzertierten Aktion' und dem Konjunkturrat, die zu einer stärkeren Koordination beitragen sollen, verleiht dieses Gesetz der Regierung weitgehende Vollmachten wie z. B. die Aufstellung eines mehrjährigen Finanzplanes, die Aufnahme von Krediten, die Bildung von Konjunkturrücklagen, die Genehmigung von Sonderabschreibungen und die Variierung der Einkommen- und Körperschaftssteuer um 10%. Damit wurde eine gesetzliche Grundlage für eine stärkere globale Steuerung des Staates geschaffen.

An Hand einer von Galbraith konstruierten Geschichte, wollen wir einer weiteren Ursache für die wachsende Verflechtung von Staat und Wirtschaft nachgehen.

Die Familie, die ihr lilakirschrotes, automatisch geschaltetes, mit raffinierter Luftheizung und -kühlung ausgestattetes Auto aus der Garage holt, um einen Ausflug zu machen, fährt durch Orte mit schlecht ausgebauten, ungereinigten und vollgestopften Straßen, scheußlichen Reklameschildern und Hochspannungsmasten. Unsere Familie genießt am Ufer eines verdreckten Flusses in verpesteter Luft die köstlichen Konserven aus der transportablen Kühlbox und übernachtet dann auf einem Parkgelände, das für Volksgesundheit und Sicherheit eine Gefahr ist. Kurz bevor sie auf ihren komfortablen Liegen und unter dem Dach ihres mit allen Raffinessen der Technik ausgestatteten Nylonzeltes, umgeben von dem Gestank faulender Abfälle einschlummert, möge sie sich vage Gedanken über die seltsame Unterschiedlichkeit ihrer Genüsse machen[3].

Diese Geschichte könnte die Überschrift ‚Privater Überfluß – öffentliche Armut' tragen.
Im Kapitel über die Konsumgesellschaft (2.3.3.) haben wir bei der Darstellung der Bedürfnisse zwischen individuellen und kollektiven Bedürfnissen unterschieden. Kollektive Bedürfnisse sind solche, die der Mensch in der Regel als Kollektiv empfindet und die auch von dem

---

[2] Gesetz zur Förderung der Stabilität und des Wachstums der Wirtschaft. Neuwied 1967, S. 8.
[3] Galbraith, J. H.: Gesellschaft im Überfluß, a.a.O., S. 221/22. Der Text wurde etwas gekürzt und abgeändert.

Die Industriegesellschaft – gekennzeichnet durch Verflechtung von Staat und Wirtschaft

Kollektiv (dem Staat) befriedigt werden. Zwei Gesetzmäßigkeiten lassen sich bei den Kollektivbedürfnissen feststellen:
1. Wie alle Bedürfnisse sind auch die kollektiven Bedürfnisse wandelbar.
2. Viele Bedürfnisse, die in der Vergangenheit als individuell empfunden und als solche individuell befriedigt wurden, haben sich in kollektive verwandelt und werden so kollektiv befriedigt.

Das Schwergewicht der kollektiven Bedürfnisse liegt heute bei den Aufgaben, die man mit den Begriffen wie Umweltschutz und Verbesserung der Infrastruktur bezeichnen kann. Sie umfassen Probleme sowohl des Verkehrswesens, der Raumordnung, der Wasser- und Luftverschmutzung als auch Fragen der sozialen und militärischen Sicherheit, des Bildungswesens und der wissenschaftlichen Forschung.

Die Lösung der angeführten Aufgaben bleibt letztlich dem Staat überlassen, der auch die dazu notwendigen Mittel bereitstellen muß. Da diese Aufgaben ständig wachsen, vergrößert sich auch entsprechend der Staatshaushalt, d. h. die Ausgaben der öffentlichen Hand. Die unten aufgeführte Tabelle macht dies deutlich.

Öffentliche Finanzen (Entwicklung der Ausgaben)

	1967		1969		1971	
	Mill. DM	DM je Einw.	Mill. DM	DM je Einw.	Mill. DM	DM je Einw.
Insgesamt	155 944	2 605	174 723	2 872	225 394	3 677
Verteidigung	21 314	356	20 304	334	22 715	371
Öffentliche Sicherheit	5 946	99	6 998	115	9 280	151
Schulwesen	12 217	204	15 004	247	23 087	377
Hochschule – Forschung	6 206	104	7 770	128	12 381	202
Soziale Sicherung	34 968	584	37 249	612	45 138	736
Gesundheit, Sport, Erholung	7 126	119	8 441	139	12 666	207
Wohnungswesen und Raumordnung	9 043	151	9 056	149	12 603	206
Wirtschaftsförderung	10 520	176	12 942	213	12 110	198
Verkehrs- und Nachrichtenwesen	12 669	212	15 289	251	19 857	324
Bruttosozialprodukt in jeweiligen Preisen	Mrd. DM 495,5	DM je Einw. 8 358	Mrd. DM 605,2	DM je Einw. 10 075	Mrd. DM 758,9	DM je Einw. 12 383

Quelle: Statistisches Jahrbuch 1973, S. 410, 520.

Kontrollfragen

1. Suchen Sie Beispiele für die enge Verflechtung zwischen Staat und Wirtschaft! – 2. Machen Sie eine Aufstellung über die Gründe für die enge Verflechtung zwischen Staat und Wirtschaft – 3. Mit welchen Mitteln greift der Staat in die Wirtschaft ein?

Arbeitsvorschläge

Versuchen Sie an Hand der Statistik über die öffentlichen Haushalte die Entwicklung der Ausgabenpolitik darzustellen!
Berücksichtigen Sie dabei den Vergleich mit der Entwicklung des Bruttosozialprodukts.
Führen Sie Beispiele an, wie sich im Laufe der geschichtlichen Entwicklung individuelle Bedürfnisse in kollektive verwandelt haben!

2.4.3. Problematisierung

1. Das Kernproblem der wachsenden Verflechtung von Staat und Wirtschaft liegt auf der Hand: Steigender Anteil am Sozialprodukt und Ausweitung der Globalsteuerung bedeuten vermehrte Konzentration der Macht in den Händen des Staates und seiner Organe. Steigende Macht drückt sich nicht nur in der Verfügungsgewalt über die finanziellen Mittel aus, sondern sie bedeutet Vergrößerung der wirtschafts- und gesellschaftspolitischen Entscheidungsgewalt.
Damit rückt die Frage nach der Stellung des Staates in einer modernen Industriegesellschaft in den Mittelpunkt der Diskussion.

Kritisch zur Zentralisation staatlicher Macht in unserer Gesellschaft äußert sich Professor Biedenkopf in seinem Vortrag ‚Entwicklung der Gesellschaft: Aufgabe des Staates?'
a) „Unser Problem heute besteht darin, daß sich eine wachsende staatliche Bürokratie und ihre Sekundär- und Satellitenorganisationen gegen die Gesellschaft abgrenzen wollen, die sie alimentiert und mit wachsender Sorge nach dem Beitrag fragt, den der öffentliche Bereich für den Bestand und die weitere Entwicklung der Gesellschaft leistet.
Aber nicht nur aus diesem Grunde bedarf die These der Überprüfung, die vom Primat staatlicher Reforminitiative zu Lasten einer realistischen Chance des Bürgers ausgeht, die gesellschaftliche Ordnung wirksam zu erneuern. Denn wenn es zutrifft, daß erstens die Existenz unserer Gesellschaft von ihrer Fähigkeit abhängt, sich im Wandel zu entwickeln und zweitens ein untrennbarer Zusammenhang zwischen dem wirtschaftlichen und öffentlichen Bereich der Gesellschaft besteht, so beruht die Existenz unserer Gesellschaft auch auf ihrer Fähigkeit, im öffentlichen Bereich die Neuerungsinitiativen freizusetzen, die die Anpassung an die sich wandelnde Umwelt bewirken. Beschränkt man die Chance, solche Initiativen zu ergreifen, auf den staatlichen Bereich, so heißt dies: Die Zukunft unserer Gesellschaft hängt letztlich ab von der Fähigkeit und der Bereitschaft des Staates, sprich: der Parlamente, ihrer Regierungen und Verwaltungen und der Gerichte – von deren Fähigkeit zur kritischen Analyse, zur Neuerung, zur Steigerung ihrer Leistungsfähigkeit und damit zum Wandel.
An dieser Fähigkeit und Bereitschaft zu zweifeln, besteht aller Anlaß – und dies nicht erst seit gestern. Eine zunehmende Zahl von Indizien spricht dafür, daß die Fähigkeit vor allem der öffentlichen Verwaltungen, Innovationsinitiativen zu entfalten oder wirksam umzusetzen, unzureichend ist und angesichts der Struktur der Verwaltung auch unzureichend sein muß. Es gehört zu den wichtigsten Erkenntnissen der modernen Unternehmensforschung, daß eine erfolgreiche, leistungssteigernde Innovationspolitik entsprechende Initiativchancen für eine möglichst große Zahl von Mitarbeitern voraussetzt ...
Im Bereich der öffentlichen Verwaltungen lassen sich ähnliche Bestrebungen nicht erkennen. Nicht die Dezentralisation von Entscheidungskompetenz und Verantwortung, sondern Zentralisation ist die Devise. Ob in der Wissenschaftsförderung oder im Hochschulbereich oder im Krankenhausbau, in allen wichtigen Bereichen öffentlicher Einrichtungen und Dienstleistungen ist die Antwort auf eine Überforderung der kommunalen oder Landesverwaltungen der Ruf nach Bundeseinheitlichkeit, nach der Übernahme der Aufgabe durch den Bund und damit nach Vermehrung der Hierarchie um weitere Stufen. Was jedoch rechtfertigt die Annahme, daß die bundeseinheitliche Regelung von Sachverhalten dem jeweiligen

Problem besser gewachsen ist als sachverhaltsnähere dezentralisierte Problemlösungen? Daß die vom Bund erwartete neue Initiative nicht bereits durch die Reibungsverluste verbraucht wird, die durch die Aufstockung der Hierarchie, die Verlängerung der Informationswege, die weitere Entfernung des Entscheidungsortes vom Sachverhalt entstehen?"

Professor K. H. Biedenkopf hielt diesen Vortrag am 24. 6. 1971 in Bonn.

Aus einer ganz anderen Sicht beurteilt Joachim Hirsch in seinem Buch „Wissenschaftlich-technischer Fortschritt und Politisches System" die Stellung des Staates im „kapitalistischen System":

b) „Die wirtschaftsregulierende Tätigkeit der staatlichen Administration wurde zur Basis des kapitalistischen Kapitalverwertungsprozesses, und trotz gewisser nationaler Unterschiede besteht das Gemeinsame der spätkapitalistischen Gesellschaften in einem Nebeneinander von kapitalistischem Eigentum, kapitalistischer Produktionsweise und einem System generalisierter Kontrolle über die wirtschaftlichen Abläufe und Prozesse, einer Kontrolle, die der Staat ausübt, dessen Absichten und Bestrebungen nicht mit denen einer einzelnen Firma identisch sind. An die Stelle der marktwirtschaftlichen Lenkung des Privatkapitalismus ist in wesentlichem Umfang die administrative getreten. Damit kann aber staatliche Administration weniger denn je als relativ autonome, von der ‚Wirtschaft' und ihrem Mechanismus getrennt zu betrachtende Institution begriffen werden. Sie wird vielmehr zum integralen Bestandteil des gesellschaftlichen Produktionsapparates...

Es muß allerdings hervorgehoben werden, daß sich staatliche Wirtschaftsplanung im Kapitalismus prinzipiell darauf beschränken muß, mit Hilfe von ‚Leitlinien' und ‚Zielprognosen' so etwas wie ein kapitalistisches Gesamtinteresse zu formulieren, um dann die entscheidenden ökonomischen Direktionszentren unter Einsatz des verfügbaren wirtschaftspolitischen Instrumentariums zweckvoll zu koordinieren. Solange die durch Privateigentum und Vertragsfreiheit geschützte Macht und Unabhängigkeit der großen Unternehmenskonzentrate besteht, muß jede staatliche Wirtschaftsplanung scheitern, die nicht die Sicherung der Kapitalrentabilität als primäres Ziel setzt und die Verwirklichung aller anderen Absichten diesem unterordnet. Dies ist die Crux aller staatlichen Wirtschaftspolitik, die sich auf ‚Globalsteuerung', d. h. auf das Setzen von ‚Angeboten' gegenüber den autonomen Privatunternehmen, beschränken muß. Entweder die Angebote werden nicht angenommen, dann ist die Steuerung hinfällig, oder die Angebote sind so attraktiv, daß sie angenommen werden, dann verliert die Steuerung insofern ihre Autonomie, als sie sich nach den Zielen der zu Steuernden richten muß. Solange aber Wirtschaftsplanung eher Koordination privatkapitalistischer Entscheidungen und nicht die zentrale politische Bestimmung und Durchsetzung gesellschaftlicher Entwicklungsziele bedeutet, so lange bleiben auch die immanenten Antagonismen der kapitalistischen Ökonomie wirksam."

Hirsch, Joachim: Wissenschaftlich-technischer Fortschritt und politisches System. Frankfurt/M. 1970, S. 54 f.

c) Auch Habermas nimmt als Vertreter der kritischen Theorie Stellung zu diesem Problem:

„Seit dem letzten Viertel des 19. Jahrhunderts machen sich in den kapitalistisch fortgeschrittensten Ländern zwei Entwicklungstendenzen bemerkbar: 1. ein Anwachsen der interventionistischen Staatstätigkeit, welche die Stabilität des Systems sichern muß, und 2. eine wachsende Interpendenz von Forschung und Technik, die die Wissenschaften zur ersten Produktivkraft gemacht hat. Beide Tendenzen zerstören jene Konstellation von institutionellem Rahmen und Sub-Systemen zweckrationalen Handelns, durch die der liberal-entfaltete Kapitalismus sich ausgezeichnet hatte. Damit entfallen relevante Anwendungsbedingungen für die Politische Ökonomie in der Fassung, die Marx ihr im Hinblick auf den liberalen Kapitalismus mit Recht gegeben hatte. Für die Analyse der veränderten Konstellation gibt, wie ich meine, Marcuses Grundthese, daß Technik und Wissenschaft heute auch die Funktion von Herrschaftslegitimationen übernehmen, den Schlüssel.

Die Dauerregulierung des Wirtschaftsprozesses durch staatliche Intervention ist aus der Abwehr systemgefährdender Dysfunktionalitäten eines sich selbst überlassenen Kapitalismus hervorgegangen, dessen tatsächliche Entwicklung seiner eigenen Idee einer bürgerlichen Gesellschaft, die sich von Herrschaft emanzipiert und Macht neutralisiert, so offensichtlich zuwiderlief. Die Basisideologie des gerechten Tausches, die Marx theoretisch entlarvt hatte, brach praktisch zusammen. Die Form der privatwirtschaftlichen Kapitalverwertung ließ sich nur aufrechterhalten durch die staatlichen Korrektive einer kreislaufstabilisierenden Sozial- und Wirtschaftspolitik. Der institutionelle Rahmen der Gesellschaft wurde repolitisiert. Er fällt heute nicht mehr unmittelbar mit den Produktivverhältnissen, also mit einer den kapitalistischen Wirtschaftsverkehr sichernden Privatrechtsordnung und entsprechenden generellen Ordnungsgarantien des bürgerlichen Staates, zusammen. Damit hat sich aber das Verhältnis des Wirtschaftssystems zum Herrschaftssystem verändert; Politik ist nicht mehr nur ein Überbauphänomen. Wenn sich die Gesellschaft nicht mehr „autonom" – und das war das eigentlich Neue an der kapitalistischen Produktionsweise –, als eine dem Staat voraus- und zugrundeliegende Sphäre selbstregulierend erhält, stehen Gesellschaft und Staat nicht länger in einem Verhältnis, das die Marxsche Theorie als das von Basis und Überbau bestimmt hatte. Dann kann aber eine kritische Theorie der Gesellschaft auch nicht mehr in der ausschließlichen Form einer Kritik der Politischen Ökonomie durchgeführt werden...

Darum tritt an die Stelle der Ideologie des freien Tausches eine Ersatzprogrammatik, die an den sozialen Folgen nicht der Institution des Marktes, sondern einer die Dysfunktionen des freien Tauschverkehrs kompensierenden Staatstätigkeit orientiert ist. Sie verbindet das Moment der bürgerlichen Leistungsideologie (die freilich die Statuszuweisung nach Maßgabe individueller Leistung vom Markt auf das Schulsystem verschiebt) mit der Garantie von Wohlfahrtsminima, der Aussicht auf Sicherheit des Arbeitsplatzes sowie der Stabilität des Einkommens. Diese Ersatzprogrammatik verpflichtet das Herrschaftssystem darauf, die Stabilitätsbedingungen eines soziale Sicherheit und Chancen persönlichen Aufstiegs gewährenden Gesamtsystems zu erhalten und Wachstumsrisiken vorzubeugen. Das erfordert einen Manipulationsspielraum für staatliche Interventionen, die um den Preis der Einschränkung von Privatrechtsinstitutionen die private Form der Kapitalverwertung sichern und die Loyalität der Massen an diese Form binden."

Jürgen Habermas: Technik und Wissenschaft als „Ideologie", Frankfurt/M. 1970, S. 74 f.

2. Für die Bundesrepublik setzt die Kritik im einzelnen besonders bei der Haushalts- und Strukturpolitik an. Bei der Haushaltspolitik geht es vor allem um die Ausgaben für militärische Zwecke und für Forschung, die auch zum Teil dem militärischen Bereich zugute kommen.

Für den Marxisten bedeuten Rüstungs- und Forschungsausgaben ein Mittel zur Stabilisierung der kapitalistischen Wirtschaft, weil durch das beschleunigte Tempo der Rüstungsinnovation das produzierte Rüstungsmaterial schnell veraltet und damit das Problem der Kapitalverwertung leicht gelöst wird; denn man befreit diese von den Gesetzen des Marktes und überstellt sie einem administrativ vermittelten Absorptions- und Verwertungsprozeß[5].

Der 2. Ansatzpunkt der Kritik liegt in dem Problem der Bewältigung der wachsenden kollektiven Bedürfnisse wie Umweltschutz und Verbesserung der Infrastruktur.

a) In einer Diskussion über solche Probleme äußerte sich der Vertreter der ‚systemsprengenden Strategie' dazu:

„Das unbegrenzte Profitstreben der Privateigentümer von Produktionsmitteln kann sich als Hauptursache der Umweltverschmutzung nicht mehr auswirken, wenn die Produktionsmittel in gesellschaftliches Eigentum überführt werden und ihre Verwendung zentral geplant wird. Die Produktionsentscheidungen können dann im gesellschaftlichen Interesse unter Beachtung des Umweltschutzes erfolgen.

[5] Hirsch, J.: Wissenschaftlich-technischer Fortschritt und politisches System, Frankfurt/M. 1970, S. 98/99.

Das Problem ist so zugleich mit anderen Problemen einer kapitalistischen Marktwirtschaft lösbar."[6]

Dieselbe Problematik wird von seiten der Unternehmerschaft (Ludwig Losacker) so gesehen:

b) „Privater Wohlstand und Gemeinschaftsaufgaben stehen sich nicht wie fremde feindselige Welten gegenüber. Sie stehen vielmehr in einem wechselseitigen Zusammenhang. Viele Gemeinschaftsaufgaben sind Folgen des gestiegenen Wohlstandsniveaus. Auf der anderen Seite können ein verbessertes System der Bildung, ein gut ausgebautes Verkehrswesen, eine moderne Gesundheitsversorgung, um nur einige Gemeinschaftsaufgaben zu nennen, durchaus produktivitäts- und wachstumsfördernd sein. Sie können damit auch die Finanzierung von Gemeinschaftsaufgaben in einer marktwirtschaftlichen Ordnung erleichtern. Denn die aufgewendeten Mittel werden sich in einer erhöhten Produktivität und Leistungsfähigkeit des marktwirtschaftlichen Systems auszahlen.

Je höher entwickelt die jeweilige marktwirtschaftliche Ordnung ist, je höher ihr ökonomischer und gesellschaftlicher Reifegrad ist, desto größer werden die Möglichkeiten sein, Gemeinschaftsaufgaben wahrzunehmen und die Infrastruktur weiter auszubauen.

Andererseits darf nicht übersehen werden, daß auch Gemeinschaftsbedürfnisse sich wandeln und daß in bestimmten Bereichen der Infrastruktur auch ein Sättigungsgrad denkbar ist. In solchen Fällen ist die öffentliche Organisation reif, in private Organisation übergeführt zu werden. Darauf müßte die private Wirtschaft immer wieder hinweisen, weil sie den Beweis der effizienten Organisation jederzeit antreten kann."[7]

3. Im Rahmen der weltweiten Auseinandersetzung, des „Wettstreits der Systeme", hat das Problem der engen Verflechtung des Staates mit der Wirtschaft in den letzten Jahren eine neue Perspektive erhalten. Sie geht auf Überlegungen des Amerikaners Galbraith zurück.

Im Kapitel über den engen Zusammenhang von Wissenschaft, Technik und Industriesystem (2.1.) haben wir die These Galbraiths über die Verlagerung der Macht von dem Produktionsfaktor Kapital auf den Faktor ‚organisierte Intelligenz' angeführt und den Trend zur Bildung einer Technokratie angedeutet. Darauf fußend, entwickelt Galbraith Gedanken, die in der Fachliteratur als Konvergenztheorie bezeichnet werden. Er behauptet: Die Formen der Wirtschaftssysteme werden nicht von ideologischen Vorstellungen, sondern von den Forderungen der Technologie und der Organisation geprägt. Daraus erwächst ein Zwang zur Planung und eine bestimmte Form betrieblicher Autorität. Auf die konkrete Situation hinweisend, schreibt er:

a) „Alles in allem erscheint es als wahrscheinlich, daß die Sowjets das Problem der Autorität in Industriebetrieben auf ähnliche Weise gelöst haben wie der Westen ... Die volle Autorität der sozialistischen Gesellschaft über das Großunternehmen wird immer wieder proklamiert, genauso wie die Autorität der Aktionäre und des Aufsichtsrates in den USA in offiziellen Zeremonien gefeiert wird. Wichtig sind nur das Volk und die Partei. Doch in der Praxis gewährt man den einzelnen Unternehmen weitgehende und immer größer werdende Autonomie."[8]

Ähnliche Gedanken mit stärkerer Betonung auf dem Managertum, das zum großen Teil die Technostruktur Galbraiths repräsentiert, werden von anderen Autoren sowohl aus dem Westen wie aus dem Osten vorgebracht. So schreibt der Schweizer Wirtschaftswissenschaftler Salin:

b) „Die Oligarchie der Manager ist in so hohem Maße die adäquate Regierungsform der Großbetriebe, daß sie sogar vom Schicksal der Demokratie und des Kapitalismus unabhängig sein dürfte; sie ist in

---

[6] Entnommen: Dörge, Umweltverschmutzung durch Profitinteressen? aus Gegenwartskunde 4/71, S. 476.
[7] Losacker, L.: Privater Reichtum – öffentliche Armut? Referat anläßlich der öffentlichen Jahrestagung des Dt. Industrieinstituts vom 17.6.1971.
[8] Galbraith, J. H.: Die moderne Industriegesellschaft, a.a.O., S. 127.

technischer und betrieblicher Beziehung vermutlich mit der russischen Oligarchie der Apparatschiks fast auswechselbar und ist jedenfalls mit ihr näher verwandt als mit dem Unternehmungsstab des Hochkapitalismus."[9]

Salin, E.: Bd. 6, S. 109.

Fast identisch dazu sind die Ausführungen des sowjetischen Atomphysikers Andrew Sacharow:

c) „Die Entwicklung der modernen Gesellschaft, sowohl in der Sowjetunion wie in den Vereinigten Staaten, ist heute auf gleiche Weise geprägt von der komplexen Struktur des industriellen Managements. In beiden Ländern sind Managergruppen entstanden, die sich in ihrem sozialen Charakter ähneln."[10]

Sacharow: Memorandum, veröffentlicht in New York Times am 22.7.68, zitiert nach Dörge „Annäherung der Wirtschaftsordnungen" in Gegenwartskunde 3/70, S. 302.

Unbestreitbar ähneln sich die beiden Wirtschaftssysteme im Hinblick auf die Planungs- und Organisationstechnik. Man kann in diesem Sinne von einem systemindifferenten technisch-ökonomischen Prozeß sprechen, dessen Sachzwängen beide Seiten unterliegen. Aus einer solchen Entwicklung abzuleiten – wie es Galbraith versucht –, daß die Wirtschaftssysteme nicht von der Ideologie, sondern von den Forderungen der Technik und Organisation geprägt wären, scheint zumindest voreilig. Es wird damit unterstellt, daß der Bereich der Wirtschaft innerhalb der Gesellschaft autonom sei.

Zweifel an dieser Theorie äußert Marion Gräfin Dönhoff in ihrer Rede anläßlich der Verleihung des Friedenspreises[11]:

d) „Im ersten Teil dieser Darlegung konnte man resümieren, daß die Gesetze der modernen industriellen Gesellschaft tatsächlich so zwingend sind, daß sie die Verschiedenartigkeit der beiden Gesellschaftssysteme überdecken, also im wirtschaftlichen Bereich eine Annäherung von Kapitalismus und Kommunismus erfolgt. Gleiches läßt sich im zweiten Teil, der von den geistigen Vorstellungen, dem Selbstverständnis der konkurrierenden Systeme handelt, nicht sagen.

Die Ideologen von Ost und West sind heute so verschieden, wie sie je waren. Ja, beide Seiten haben nicht einmal zur Kenntnis genommen, daß hüben wie drüben die Realität sich von der jeweiligen Idee weit entfernt hat. Eine Konvergenz auf diesem Gebiet gibt es also bisher nicht, und vermutlich wird es sie auch nicht geben – eben weil die Vorstellungen stärker sind als die Tatsachen. Die Frage stellt sich allerdings: Was sind eigentlich Tatsachen, und was sind Vorstellungen? Das, was eine bestimmte Epoche für Tatsachen hält, erscheint unter Umständen der nächsten Generation als Vorstellung."

4. Zum Schluß bleibt noch die Frage offen, wie die steigende Machtkonzentration des Staates zu beurteilen ist und wie man ihr möglicherweise begegnen kann.

Aus den schon bekannten Kriterien sollen einige zur Beurteilung dieser Situation herausgegriffen und neu formuliert werden:

a) Die Entwicklung zur Technokratie, oder anders formuliert, die Eigengesetzlichkeit der Technik und ihrer Mittel machen den demokratischen Staat überflüssig. Schelsky sagt dazu:

---

[9] Salin, E.: Manager, im Handwörterbuch der Sozialwissenschaften, Bd. 6, S. 109, zitiert nach Dörge, Annäherung der Wirtschaftsordnungen? Gegenwartskunde, 3/70, S. 301.
[10] Sacharow: Memorandum, veröffentlicht in New York Times am 22.7.68; zitiert nach Dörge, a.a.O., S. 301/02.
[11] FAZ vom 18.10.71, S. 16.

„Gegenüber dem Staat als einem universalen technischen Körper wird die klassische Auffassung der Demokratie als die eines Gemeinwesens, dessen Politik vom Willen des Volkes abhängt, immer mehr zu einer Illusion".[12]

b) Die ungeheure Macht des Staates in seiner Eigenschaft als Verbraucher, Investor und Umverteiler des Sozialprodukts verstärkt in zunehmendem Maße das Streben seiner Bürger nach kollektiver Sicherheit. Die darin liegende Problematik wird treffend mit Frederic Bastiats Satz charakterisiert:

„Der Staat ist die große Fiktion, mit Hilfe derer jedermann sich bemüht, auf Kosten jedermanns zu leben."[13]

c) Die Feststellung Riesmans über den außengeleiteten Menschen, der die rechtlichen und politischen Möglichkeiten seines individuellen Freiheitsraumes bewußt oder unbewußt nicht mehr auszufüllen vermag, der Typ, der für die freiheitliche Demokratie denkbar ungeeignet, für die Diktatur dagegen wie geschaffen scheint.
Das Problem der politischen Kontrolle der starken Machtkonzentration des Staates muß neu durchdacht werden. Es stellt sich die Frage, ob nach den oben aufgezeigten Kriterien die Kontrolle ausreicht, die durch Rechtsstaatlichkeit repräsentativer Demokratie, den Pluralismus gesellschaftlicher Interessengruppen und durch die Öffentlichkeit gegeben ist.

Aufgaben

1. Wie beurteilen Sie die kritischen Analysen von Biedenkopf, Hirsch und Habermas zu der Stellung des Staates in der modernen Industriegesellschaft?
2. Nehmen Sie Stellung zu der Haushalts- und Strukturpolitik unter der Berücksichtigung der marxistischen Kritik und der Auffassungen der Unternehmer! (Benutzen Sie dazu die Statistiken S. 51, 53 und 73).
3. Wie stehen Sie zur Konvergenztheorie?
4. Wo liegen nach Ihrer Ansicht die großen Gefahren einer steigenden Machtkonzentration des Staates, und wo liegen die Möglichkeiten einer wirksamen Kontrolle?
Inwieweit läßt sich die zunehmende Staatstätigkeit mit der marktwirtschaftlichen Ordnung vereinbaren?

---

[12] Schelsky, H.: Der Mensch in der wissenschaftlichen Zivilisation. Köln/Opladen 1961, S. 29.
[13] Zitiert FAZ vom 18. 5. 1968 „Der Staat sind wir selbst" von Albert Seyler.